编 辑 部

主　编：田士永

副主编：李慧敏

编　辑：刘坤轮　尹　超　王超奕　柯勇敏

联系方式

地　址：北京市海淀区西土城路25号，100088

　　　　中国政法大学 法学教育研究与评估中心

　　　　《中国政法大学教育文选》编辑部

电　话：010-58908099

邮　箱：lihuimin99@sina.com

中国政法大学教育文选

（第29辑）

田士永◎主编　　李慧敏◎副主编

中国政法大学出版社

2021·北京

图书在版编目（CIP）数据

中国政法大学教育文选. 第29辑/田士永主编. —北京：中国政法大学出版社，2021.8
ISBN 978-7-5764-0104-2

Ⅰ.①中…　Ⅱ.①田…　Ⅲ.①法学教育－教学研究－高等学校－文集　Ⅳ.①G642.0-53

中国版本图书馆CIP数据核字(2021)第186844号

出　版　者　　中国政法大学出版社

地　　　址　　北京市海淀区西土城路25号

邮寄地址　　北京100088 信箱8034 分箱　邮编100088

网　　　址　　http://www.cuplpress.com (网络实名：中国政法大学出版社)

电　　　话　　010-58908289(编辑部) 58908334(邮购部)

承　　　印　　北京九州迅驰传媒文化有限公司

开　　　本　　720mm×960mm　1/16

印　　　张　　10.5

字　　　数　　160 千字

版　　　次　　2021 年 8 月第 1 版

印　　　次　　2021 年 8 月第 1 次印刷

定　　　价　　45.00 元

目 录

C O N T E N T S

教育模式

Jiao Yu Mo Shi

新工科+新文科创新型人才培养模式探析[*]

近年来，社会经济形势发展变化迅猛，高新科技不断涌现，对人才的需求也在发生巨变。面对百年未有之大变局，国家政策也在不断调整。2019 年 4 月 29 日，教育部、中央政法委、科技部、工业和信息化部等 13 个部门正式启动"六卓越一拔尖"计划 2.0[1]，强调深入学习贯彻习近平新时代中国特色社会主义思想，全面贯彻落实全国教育大会精神，按照《加快推进教育现代化实施方案（2018—2022 年）》要求，全面实施"六卓越一拔尖"计划 2.0，强调发展新工科、新医科、新农科、新文科，打赢全面振兴本科教育攻坚战，全面实现高等教育内涵式发展。

自从 2010 年提出"大数据"概念以来，中央政府高屋建瓴，数次发布顶层设计政策文件促进大数据产业发展与产业创新，全

    [*] 本研究为中国政法大学新兴学科培育与建设计划资助，北京市教改课题"法商大数据创新型人才培养模式研究"的阶段性成果。

    [**] 张巍，女，中国政法大学商学院教授。

  〔1〕 具体包括：教育部、工业和信息化部、中国工程院《关于加快建设发展新工科实施卓越工程师教育培养计划 2.0 的意见》，教育部、国家卫生健康委员会、国家中医药管理局《关于加强医教协同实施卓越医生教育培养计划 2.0 的意见》，教育部、农业农村部、国家林业和草原局《关于加强农科教结合实施卓越农林人才教育培养计划 2.0 的意见》，教育部《关于实施卓越教师培养计划 2.0 的意见》，教育部、中央政法委《关于坚持德法兼修实施卓越法治人才教育培养计划 2.0 的意见》，教育部、中共中央宣传部《关于提高高校新闻传播人才培养能力实施卓越新闻传播人才教育培养计划 2.0 的意见》，教育部等六部门《关于实施基础学科拔尖学生培养计划 2.0 的意见》。

国省级政府及重点城市大数据政策更是层出不穷，不断鼓励刺激地方大数据产业的发展与创新。2015年8月，国务院印发《促进大数据发展行动纲要》[1]（以下简称《纲要》），系统部署大数据发展工作。一要加快政府数据开放共享，推动资源整合，提升治理能力。大力推动政府部门数据共享，稳步推动公共数据资源开放，统筹规划大数据基础设施建设，支持宏观调控科学化，推动政府治理精准化，推进商事服务便捷化，促进安全保障高效化，加快民生服务普惠化。二要推动产业创新发展，培育新兴业态，助力经济转型。发展大数据在工业、新兴产业、农业农村等行业领域应用，推动大数据发展与科研创新有机结合，推进基础研究和核心技术攻关，形成大数据产品体系，完善大数据产业链。三要强化安全保障，提高管理水平，促进健康发展。健全大数据安全保障体系，强化安全支撑。

党的十八届五中全会提出实施"国家大数据战略"，工业和信息化部印发了《大数据产业发展规划（2016—2020年）》[2]。习近平总书记多次强调实施国家大数据战略，加快建设数字中国，推进互联网、大数据、人工智能同实体经济深度融合，[3]强调人工智能是引领这一轮科技革命和产业变革的战略性技术。[4]2020年9月22日，习近平总书记在教育文化卫生体育领域专家代表座谈会上的讲话说明提升自主创新能力，尽快突破关键核心技术，是构建新发展格局的一个关键问题。我国高校要勇挑重担，释放高校基础研究、科技创新潜力，聚焦国家战略需要，瞄准关键核心技术特别是"卡脖子"问题，加快技术攻关。要支持"双一流"建设高校加强科技创新工作，依托高水平大学布局建设一批研究设施，推进产学

---

〔1〕　国务院《促进大数据发展行动纲要》，2015年8月31日。

〔2〕　工业和信息化部《大数据产业发展规划（2016—2020年）》，2016年12月18日。

〔3〕　《习近平在中共中央政治局第二次集体学习时强调：审时度势精心谋划超前布局力争主动实施国家大数据战略加快建设数字中国》，载中国政府网，http://www.gov.cn/xinwen/2017-12/09/content_5245520.htm，最后访问时间：2020年12月6日。

〔4〕　《习近平在中共中央政治局第九次集体学习时强调：加强领导做好规划明确任务夯实基础推动我国新一代人工智能健康发展》，载中国政府网，http://www.gov.cn/xinwen/2018-10/31/content_5336251.htm，最后访问时间：2020年12月6日。

研一体化。[1]2020 年 4 月，国家发展改革委提出新型基础设施是以新发展理念为引领，以技术创新为驱动，以信息网络为基础，面向高质量发展需要，提供数字转型、智能升级、融合创新等服务的基础设施体系。2020 年 5 月底，教育部明确鼓励、重点支持高校在大数据领域增设第二学士学位。由此可见，近期在国家战略层面，政府特别关注、引导、鼓励大数据教育的发展。[2]

对于以社会科学为主的高校，运用高新科技进行新工科+新文科建设，无疑成为传统育人模式的突破性亮点。本人长期任职于中国政法大学，对于这所知名的法科强校，如何结合自身优势学科特色，探索新工科+新文科的创新型人才培养模式，抓住学校发展史上的难得机遇，形成重大创新型育人成果，并将之发展成为可复制的成功经验以供其他类似高校借鉴，成为中国政法大学商学院的使命所在。笔者试图通过法商大数据创新型人才培养模式的建设与系统研究，为培养社会最为急需的复合型人才提供其创新模式的新思路。

一、国内外相关学科建设状况

随着信息技术和数据处理能力的飞速发展，商业问题相关的大数据正在快速积累，并发挥愈加重要的作用。如何利用商业大数据来寻找更有效的商业管理方法与策略是有巨大潜力与价值的热点前沿研究方向。为此，国内外部分顶级高校已于近年来开始设置商业大数据分析的硕士项目，代表性的项目包括如下：

第一，麻省理工学院斯隆商学院商业分析硕士项目（Master of Business Analytics）。该项目旨在培养学生应用现代数据科学方法和工具解决重要的商业挑战（The rigor of the MIT Sloan Master of Business Analytics program prepares students for careers that apply and manage modern data science to solve

---

〔1〕 《习近平：在教育文化卫生体育领域专家代表座谈会上的讲话》，载新华网，http://www. xinhuanet. com/politics/leaders/2020-09/22/c_1126527570. htm. ，最后访问时间：2020 年 12 月 6 日。

〔2〕 《教育部办公厅关于在普通高校继续开展第二学士学位教育的通知》，2020 年 5 月 28 日。

critical business challenges）[1]。

第二，哥伦比亚大学商学院与工学院商业分析硕士项目（Master of Science in Business Analytics）。该项目向学生教授数据建模方法和工具，从而利用数据做出更好的商业决策（Focus on learning the modeling techniques and data science tools that help businesses use data to make better decisions）[2]。

第三，清华大学–美国哥伦比亚大学商务分析硕士项目。该项目由清华大学经济管理学院管理硕士项目与美国哥伦比亚大学工程与应用科学学院合作开设。项目重点关注大数据在综合管理中的运用，旨在培养具有扎实的管理学理论基础与信息技术前沿知识、拥有前瞻性国际视野和大数据思维、具备较强的商务分析的实践能力、满足商务分析管理需要的高层次、复合型人才[3]。

第四，北京五校联合（中国人民大学、北京大学、中国科学院大学、中央财经大学、首都经济贸易大学）大数据分析硕士培养协同创新平台。该项目自2014年启动，其核心竞争力是培养学生快速实现从大数据到知识发现和价值的能力，核心教学内容是面向大数据的统计分析和挖掘技术。

第五，北京大学光华管理学院商业分析（Business Analytics, BA）硕士项目，是北京大学光华管理学院为适应和推动中国数据产业发展而重点打造的硕士项目。其目标是培养精通数据商业价值的高级人才，为中国数据产业培养技术与管理兼备的优秀人才，推动中国数据产业的繁荣进步。该项目于2018年正式开始招收硕士研究生[4]。

二、以硕士点建设带动法商大数据人才培养

2020年7月，习近平总书记对研究生教育工作作出重要指示强调，适应党和国家事业发展需要，培养造就大批德才兼备的高层次人才，特别强

---

[1] 详见麻省理工学院斯隆商学院网站，http://mitsloan.mit.edu。
[2] 详见美国哥伦比亚大学商学院网站，https://www.columbia.edu。
[3] 详见清华大学经济管理学院网站，http://masters.sem.tsinghua.edu.cn/project_columbi.html。
[4] 详见北京大学光华管理学院网站，https://www.gsm.pku.edu.cn/ba/。

调要创新培养模式，提升创新意识和创新能力[1]。

2018 年经过多轮学科论证，中国政法大学商学院已经设立并投入大量精力建设应用经济学二级学科硕士点商科大数据分析，该专业致力于培养掌握精通数据商业价值的高级人才，既具有大数据采集与分析专业水准，又能够独立完成对实际问题的数据分析，注重经济、金融、管理知识的熏陶，也关注大数据分析方法，以及人工智能技术的训练。该专业将教授学生经济学、管理学基础、数据分析方法以及特色行业实践课程，以此来培养学生综合运用专业知识解决理论与实际问题的研究能力，使学生既了解数据分析的前沿发展，又能密切联系中国的国情和行业需求，具备比较强的研究能力和创新潜力，可以胜任相关领域的工作。同时进行师资团队建设与基础设施建设。

该硕士项目进行新文科、新工科融和创新，形成相对成熟的法商大数据分析创新型人才培养模式。目前，中国政法大学商学院的发展理念提炼为"一主两翼、创新发展，培养社会需要的复合型人才"，强调大数据分析的人才培养模式目的是发挥商学院多学科融合与协作的优势，结合中国政法大学的法学学科优势，培养社会需要的高级数据分析人才，服务于社会经济发展需要。该硕士项目在充分研究设计大数据人才培养体系的基础上将成立法商大数据辅修专业和第二学位专业，研究和引入以大数据、人工智能、云计算等为代表的先进技术辅助教学。

从人才培养的角度，无论硕士层面还是本科层面，人才培养的关键是构建完整的、成熟的、跨学科的复合课程群。目前我院硕士层面该学科分为三个主要研究方向，包括行业大数据研究，该研究方向立足于特定的行业（如快销、制造业、健康产业、能源产业），分析行业相关大数据，从而为行业中的企业管理者和政策制定者提供数据驱动的管理方案和参考建议；数据分析与投资，现代投资决策越来越依赖于对海量数据（如个人消费数据、个人信贷数据）的挖掘和分析，该研究方向着重研究基于大数据

---

[1] 《习近平对研究生教育工作作出重要指示强调 适应党和国家事业发展需要 培养造就大批德才兼备的高层次人才》，载中国青年网，http://news.youth.cn/sz/202007/t20200729_12429571.htm，最后访问时间：2020 年 12 月 6 日。

的投资策略；新经济与大数据，新的经济形态（如共享经济、大健康、新零售等）在运营过程中产生了大量数据，该方向通过研究相关大数据对这些新的经济形态进行分析。三个研究方向需要积极研究和引入以大数据、人工智能、云计算等新技术为代表的先进科技，实现新技术与我院相关专业优势的有机结合，目前已经推出商业大数据分析、机器学习、数据挖掘、Python、SQL 等软件课程，同时商业大数据分析学科是建立在统计学、信息科学、经济与管理学基础上的学科，与经济学和金融学等领域相交叉。具体的理论基础包括数学分析、高等代数、概率论与数理统计、多元统计分析、抽样调查、计量经济学、随机过程、数据挖掘、计算机基础等。这些课程初步形成了完整的课程群，推动我院从传统教学向数字化的产学研转型的跨越式发展。

培养法商大数据人才需要加强国内外协同育人，由于数据分析是国内国际领先的学科，计划在国内交流合作方面，定期开展学术讲座、学术会议等交流与合作活动，及时吸收国内学术前沿成果。在国际交流合作方面，以学术讲座、访问交流的形式要求国际领域的相关专家前来交流，及时捕捉前沿学术动态；通过硕士研究生联合培养、学术论坛等方式加强国际教学的交流与合作，提高学生科研和创新能力。

创新型人才的培养必须依赖协同建设高水平实训基地、人工智能大数据实验室。这正是我校学科建设的重点，不仅仅依赖学校自身的资源，同时注重申请教育部人工智能实验室建设，共享内部实践教学资源、共同开展应用技术研究。目前已经初步建成具有法商特色的、国际一流的先进大数据研究中心与大数据实验室。积极鼓励商学院本科生关注、学习、深造大数据课程与相关专业。塑造既有广博知识面又有知识深度的 T 型创新型人才。让学生在实践中直观体会新技术对其专业领域产生的巨大影响，推动商科人才培养的跨越式发展。

充分利用校外资源。通过利用百度与我校共建人工智能、大数据、云计算及虚拟现实实验室。基于百度智能平台搭建——包括百度的飞桨（PaddlePaddle）深度学习框架，自主研发的调度软件，以及培训用例。百度同时会提供对应的实验平台，实验课程编排，教师用实验课程，学生用实验报告、实验手册、实验代码、在线实验环境等全套的实验实训课程包，提供师资培训等，实现成果转化。利用建立的人工智能实验室进行教学以及科研工作。鼓励在建一流学科、基础学科和新兴学科广泛开展校内外合作研究，鼓励中青年科研人员围绕学科发展新兴领域提出具有较大发展潜力的学术研究方向和科研项目。逐渐在本交叉学科研究领域形成具有影响力的创新团队。

三、围绕法商大数据人才培养建设新型本科育人模式

在硕士层面学科建设的基础上，开展本科新型法商大数据育人模式。目前，各个学校都在推出新型育人模式。2014 年，中国人民大学高礼研究院联合人大优势学院学科，推出全国名校最早的金融科技方向学位项目"高礼英才直通车–金融科技本科双学位项目"。以"多元融合、价值投资、实践创新"为培养理念，定位于培养具有"厚重文化底蕴、宽广国际视野、突出实践能力和强烈社会责任感"的中国金融科技领军人才，鼓励中国人民大学各院系"成绩优异、学有余力、全面发展"的学生在修读主修专业的同时，以辅修第二学位（经济学或工学）/第二专业（金融学）的方式修读"金融科技"课程[1]。已经证明这种新型的育人模式倍受学生欢迎，同时为学生提供了更多更新的选择机会，为社会培育出新型人才。我院可以借鉴各校已有的新型育人模式，实行项目制管理，将课程学习、实习实践、比赛创新项目申请等融合一体加以设计，项目以先进的培养理念、创新的培养模式、多元背景的班级融合，带领学生进入前沿学科领域，学习探索法商大数据前沿问题与新型学科解决方案；注重培养学生广博的国际视野，有针对性地提升学生个性化实践能力，从学生入校时开启全力打造未来青年领袖模式。

四、专业硕士建设构成法商大数据人才培养的重大机遇

2020 年 9 月，国务院学位委员会、教育部印发《专业学位研究生教育

---

[1] 详见中国人民大学教务处网站，http://jiaowu.ruc.edu.cn/tzgg6/c99cccf590114fb380975ab348eb1b44.htm。

发展方案（2020—2025）》〔1〕。方案提出，专业学位研究生教育发展目标是，到 2025 年，以国家重大战略、关键领域和社会重大需求为重点，增设一批硕士、博士专业学位类别，将硕士专业学位研究生招生规模扩大到硕士研究生招生总规模的三分之二左右，大幅增加博士专业学位研究生招生数量，进一步创新专业学位研究生培养模式。方案要求，着力优化硕士专业学位研究生教育结构。硕士专业学位类别设置条件，应更加突出鲜明的职业背景和专业人才指向，增强对行业产业发展的快速响应能力和针对性，一般应要求具有广泛的社会需求，明确的职业指向；应健全更加灵活的硕士专业学位类别管理机制。根据社会发展需求，在现代制造业、现代交通、现代农业、现代信息、现代服务业和社会治理等领域，增设一批硕士专业学位类别，开展硕士专业学位类别自主设置试点，放权学位授权自主审核单位自主设置硕士专业学位类别，定期统计并向社会公布。方案明确提出，要推动硕士专业学位研究生教育规模稳健增长。稳步扩大硕士专业学位授权布局，新增硕士学位授予单位原则上只开展专业学位研究生教育，新增硕士学位授权点以专业学位授权点为主，支持学位授予单位将主动撤销的学术学位授权点调整为专业学位授权点；支持学位授予单位优化人才培养结构，硕士研究生招生计划增量主要用于专业学位，可将学术学位硕士研究生招生计划调整为专业学位硕士研究生招生计划。

近年来，很多高校陆续进行改革，撤销学硕，设立专硕；致力于学术研究的学生直读博士，2020 年 8 月北京大学国家发展研究院宣布，从 2021 年起国家发展研究院对研究生培养结构进行调整，取消学术型硕士研究生项目招生，增扩博士研究生项目招生。国家发展研究院为所有博士生提供岗位奖学金、各类奖学金、优秀奖励与奖学金和助教助研助理岗位支持，同时提供学术科研发表奖励和参与高水平国内外会议资助（学校资助和学院资助），博士研究生享有全覆盖的公派或院派国外访学机会。

对于我校而言，教育部的最新文件无疑是我校我院硕士研究生层面建

---

〔1〕 国务院学位委员会、教育部《专业学位研究生教育发展方案（2020—2025）》，2020 年 9 月 30 日。

设的重大机遇。目前商学院学术型硕士人数明显偏少，数年争取扩大硕士研究生数量都很难实现。面对教育部最新文件《专业学位研究生教育发展方案（2020—2025）》，商学院面临专业硕士发展的重大机遇，商业大数据分析硕士点作为自主设立的应用经济学二级学科，应该是优先考虑自主设立的专业硕士学科。

从中国政法大学商学院这些年的学科建设来看，由硕士点建设带动本科法商大数据人才培养，随着政策鼓励，将法商大数据人才培养拓展到专业硕士，从学科专业建设入手带动师资队伍建设、实验室建设、产学研协同创新，引入企业家与企业资源开展人才培养，是新工科+新文科的复合型、创新型人才培养模式的最新特色。

无分何以兼？

——"德法兼修"教育理念的辨误与澄清[*]

王觅泉[**]

道德和法律是人类生活的两种基本规范，二者虽然有重叠之处，但在一般理解中还是各有畛域，作用互为补充，每个公民都应该具备这两方面的基本素养。2017 年习近平总书记在考察中国政法大学时强调，要立德树人，德法兼修，抓好法治人才培养，"德法兼修"成为我国法学教育，乃至整个教育的重要指针。[1]对于这样一个上升为国家政策的概念，我们就不能再满足于对它仅持一种笼统的一般理解，而应该给出更加精确的解释，以便在具体工作中贯彻落实。

一、法律职业伦理

"德法兼修"首先是针对法治人才培养提出的原则和目标，因此与之直接相关的是法律职业伦理问题。教育部、中央政法委《关于坚持德法兼修实施卓越法治人才教育培养计划 2.0 的意见》在"改革任务和重点举措"第 1 条"厚德育，铸就法治人才之

* 本文为作者主持的中国政法大学"德治与法治"社会治理思想研究创新团队（18CXTD06）、教育部人文社科研究项目（19JDSZKD037）的研究成果。

** 王觅泉，中国政法大学马克思主义学院、"马克思主义与全面依法治国"协同创新中心讲师。

〔1〕 教育部、中央政法委《关于坚持德法兼修实施卓越法治人才教育培养计划 2.0 的意见》，2018 年 10 月 8 日发布；另参见黄进：《培养德法兼修的高素质法治人才 引领中国法学教育进入新时代》，载《中国高等教育》2018 年第 9 期。

魂"中就要求："加大学生法律职业伦理培养力度，面向全体法学专业学生开设'法律职业伦理'必修课，实现法律职业伦理教育贯穿法治人才培养全过程。"对于法学专业学生或未来的法律职业人士而言，显而易见，法律知识和技能是"德法兼修"的"法"的一面，法律职业伦理就是其中"德"的一面。法律知识和技能的学习和训练对法学专业学生无须多言，"德法兼修"的要求看起来很大程度上是要加强和补全"德"，即法律职业伦理这一方面。

但是，这里马上就会出现一个问题：如何界定"法律职业伦理"？在这个问题上最常见的一个争议是关于律师职业伦理的。有一种律师职业伦理观认为，律师应当在法律所允许的范围内，运用一切未被禁止的手段，为其委托人的利益服务。在一些案件中，如果坚持这一律师职业伦理，那么即使委托人是一些公认的恶人，受托的律师也得尽职替他辩护。作为这一律师职业伦理的一项重要义务，律师应当保守委托人告知的某些秘密，而这可能损害委托人之外的其他当事人利益或公共利益。这些情况很容易违背一般社会大众朴素的善恶是非观念，使律师遭到道德上的谴责和嫌恶。因此，也会有一些人认为，律师在执业过程中不应完全站在其委托人的利益立场上，而也应该考虑更广泛的利益，遵守一般社会道德。

但之所以会形成前一种律师职业伦理，以及相关的法律和司法制度，主要是出于维护程序正义的考虑。为了保障当事人的合法权益，防止国家公权力的傲慢，在高度专业化的现代法律实践中，应当允许律师运用自己的专业知识和技能，在法律允许的范围内尽量为当事人利益服务。尽管某个律师的某次执业活动可能确实为公认的恶人争取到一些利益，损害了其他一些人的利益或者公共利益，甚至他这样做的时候，动机仅仅只是出色地完成自己的工作以赚取律师费，但是从整个司法体系的角度来看，他的行动有利于司法博弈各方（尤其是公民个体同国家公权力机关）之间的力量平衡，促使各方尽可能细致扎实地做好自己的工作，避免冤假错案，提升司法体系的运行质量和公信力。在这个意义上，"在法律所允许的范围内忠诚于委托人的利益"这一律师职业伦理有利于整个司法体系的健康和正义。[1]正因为如此，各国普遍制定了相关法律，将这一律师职业伦理确立为相关的律师法律义务与权利。

如果按照那种大众的律师职业伦理观来理解"德法兼修"的话，"德"和"法"就确实有"兼修"的必要。要求律师"德法兼修"，就是要求用一种普遍适用的社会道德，对律师运用法律知识与技能的活动做出约束。但是假如按照另一种律师职业伦理（即在法律所允许的范围内忠诚于委托人的利益）来理解"德法兼修"的话，"德法兼修"这个概念可能就会略显混乱。因为，在这种情况下，律师的"德"其实就是遵守相关法律法规，在其框架之内履行自己的职责。既然"德"的要求无非就是"守法"，那么也就不存在所谓"德法兼修"了。律师职业伦理固然重要，但这并不是要求律师在"法"之外"兼修"某种"德"。

二、公职人员职业伦理

"德法兼修"概念潜含的这一意义混乱，并不仅仅只是将之作为对律师的要求时会发生，当这一要求是对公职人员提出时，也会发生同样的问题。

和律师职业伦理情况相似，公职人员职业伦理有时也会和大众道德发生某种冲突。在电影《我不是药神》及其原型故事中，警察就陷入了一种两难困境。按照职业伦理，警察应该严格执法，打击走私贩卖盗版药的犯罪分子。然而一旦他这样做，意味着许多靠盗版药维持生命的慢粒白血病人，将因无法承受价格高昂的正版药而断药、病发、死亡。放任这种生命悲剧发生，显然也严重地违背了一般人（也包括警察自己）的道德直觉。在这种情况下，警察是应该根据这种朴素的道德良知或大众道德，还是应该根据执法者的职业伦理行动呢？

尽管争议颇多，但是我们认为，这种情况下警察还是应当根据职业伦理行动。一个直观的理由是，如果不这样行动，他就涉嫌渎职违法。但这个理由仅仅只是形式性的，有的人会认为，这个时候即使违法，在道德上

---

[1] 限于本文主题，以上关于律师职业伦理的讨论是相当简化的。对此更加全面深入的探讨，可参见陈景辉：《忠诚于法律的职业伦理——破解法律人道德困境的基本方案》，载《法制与社会发展》2016 年第 4 期。

也并非错误，甚至很伟大。出于对生命的怜悯，不惜葬送个人的前程放任走私盗版药，延续穷苦病人活下去的希望，这种行为也许确实闪耀着一种道德光辉。但是，从另一个角度看，我们也有理由说警察的行动不仅涉嫌违法，而且也并不一定道德。如果执法者放任走私贩卖盗版药，从一时的效果看，确实是缓解了一些穷苦病人的燃眉之急，但是长远考虑，这种放任使得原研药厂商的知识产权和合法经济利益受到侵害，久而久之他们可能失去继续研发新药的动力和条件，那些尚无良方可治的疾病，可能再也等不来救命之药，这不同样会导致病痛的延续和生命的损失，而且可能是更大的痛苦和损失吗？眼前挽救的生命值得宝贵，但是因此而可能损失的生命，即使不在眼前，难道不也同样宝贵吗？这样看来，警察因一时之怜悯而放弃自己的执法职责，未尝不是一种道德错误。

这里问题的关键是，执法者和司法者等公职人员的"德"究竟应该如何确定？我们认为这不能仅仅取决于公职人员个人或社会大众的朴素道德感知（例如怜悯弱者），而应取决于正义、完善的制度和相应的法律。

制度和法律是保障社会安定和合作秩序、促进社会整体利益的系统框架，合理稳定的制度和法律增加了各方行动的可预见性和稳定性，使权力得到有效的约束和驯化，它解决的是人与人如何"在一起"生活的最基本问题。一种朴素的观点认为，如果每个人都做好自己，我们就能好好生活"在一起"，也就是说，从良好的个人道德可以自然地引申出良好的社会和政治秩序。但是，这种观点是站不住脚的。因为社会并非个体的简单相加，社会的问题并不来源于每个单独个体，而是在人与人之间的复杂交往中涌现出来的。社会问题应当着眼于社会本身去寻求专门的解决，而不能化约为每个社会成员个体的问题。因此与上述朴素观点相反，知道如何"在一起"，反而是知道如何"做自己"的重要前提。若是如何"在一起"的问题没有解决好，我们在如何"做自己"的问题上也会陷入迷茫。[1] 试

---

〔1〕 "做自己"和"在一起"的说法借用自王博先生，他曾在很多场合巧妙地使用这对概念说明各种问题。参见王博：《做自己和在一起：探索中国成熟的哲学教育》，载《中国高校社会科学》2017年第1期。这里还有一个经常提出的疑难：假如没有最初的道德动机，正义制度和法律又从何建立呢？这涉及制度和法律的人性基础问题。在这个问题上，也许孟子的性善论更加符合

想，假如没有合理的交通规则以及相应的交通标志标线，即使我们想做一名好司机、好行人，在车水马龙中也会无所适从，不堪其乱。只有在一个设计合理的交通制度体系中，司机和行人的美德才获得了清晰而确定的内涵。在交通这样相对简单的情境中尚且如此，遑论更加复杂的社会和政治事务。

因此，只有确立起正义、完善的制度和法律，每个个体才知道在社会和政治事务中应当如何"做自己"。对于执法者和司法者等公职人员来说，尤其如此，因为他们不是社会和政治事务的一般参与者，而是制度和法律最直接的贯彻和维护者，甚至可以说是制度和法律的化身，所以，执法者和司法者应当如何"做自己"，就更加不应当仅仅取决于他们个人朴素的道德感知，而应当以制度和法律为根本依据，考虑社会政治的整体秩序和系统利益。对于公职人员而言，最重要同时也是最基本的道德就是守法奉公。[1]当然，制度和法律不可能完美地应对复杂的人类生活中所有的问题，以致执法者和司法者偶尔会面临像《我不是药神》中那个警察所遭遇的道德困境。但即使在这种困境中，执法者和司法者也仍然应当坚持以制度和法律为重，而不应当轻易放弃职守。至于由此导致的问题甚至悲剧，可以设法通过别的途径来补救，[2]而不应该为解一时之困而付出破坏制度和法律的代价。

于是，当我们要求公职人员"德法兼修"的时候，意义重叠就再次发

事实，但是制度和法律更宜建立在一种相对消极的人性预设之上，荀子的思路在实践上更加稳妥。关于荀子的思路，可参见赵汀阳：《荀子的初始状态理论》，载《社会科学战线》2007 年第 5 期。

〔1〕 这里当然也要考虑"平庸之恶"的问题。在一般情况下，个人朴素的道德感同制度和法律的要求通常会是一致的，如果二者发生冲突，当然也可能是制度和法律出了问题，如果违背朴素的良知，继续遵守制度和法律要求，而不是反抗不合理的要求，就可能陷入"平庸之恶"。这种倾向虽然确实值得警惕，个人朴素的良知也并非不重要，但是这并不妨碍我们这里所强调的，社会和政治问题应该通过制度和法律手段来解决，而不能完全依赖个体道德。即使"平庸之恶"的问题，个人固然难辞其罪，但是预防和避免这种悲剧仍应依靠制度和法律的建设来完善。

〔2〕 在《我不是药神》的结尾，那种昂贵的药物最终被纳入医保，病患不必再依赖走私贩卖的盗版药，警察的道德困境也就随之解除了。但是我们也不能简单地认为，医保就是这个问题的完美解决。采取什么方式应对疾病风险，个人、社会和国家在这件事情上应该如何配合，乃是一个世界性的待解难题。相关争论可参见周其仁：《病有所医当问谁：医改系列评论》，北京大学出版社 2008 年版；李玲：《健康强国：李玲话医改》，北京大学出版社 2010 年版。

生了，公职人员的"德"首要的不是别的，恰恰就是守法奉公，修"德"实质上就是修"法"，因而似乎无所谓"兼修"。有人会说，公职人员不能仅仅只是在外在行动上做到守法奉公，而且应该培养起一种内在的道德信念和动机，自觉地守法奉公，这是不是"德法兼修"呢？在这个意义上，所谓的修"德"，无非就是将"法"的要求进一步内化于心，"兼修"的意义仍然不明确。而且，培养公职人员内在的道德信念和动机即使非常重要，他们的守法奉公也仍然应当主要依赖制度和法律的约束，使得他们即使偶然缺乏内在的道德信念和动机，也仍然没有机会（不能）、没有胆量（不敢）不守法奉公。

三、公德

推而广之，即使对普通公民提出"德法兼修"的要求，也可能出现上述意义重叠。

如前已论，只有确立起正义、完善的制度和法律，每个个体才知道在社会和政治事务中应当如何"做自己"。尽管对执法者和司法者而言，守法奉公作为其职业伦理可能更加显明，但其实这也应是对所有公民的普遍要求。这些要求固然属于法律要求，但在对公民的道德要求也体现在这些法律要求中。

自从 20 世纪初，梁启超在《新民说》中提出私德和公德的问题以来，相关讨论就一直不绝，直到今天继续重提仍然不失其意义。"公德者何？"梁启超说，"人群之所以为群，国家之所以为国，赖此德焉以成立者也。"[1]按照学者的进一步分疏，"公德"是指"在公共领域所应遵守之道德"，包含"政治性公德"和"社会性公德"。"政治性公德"是指"为政者在政治公共领域所应具备的德性或所应遵守的道德规范"，"社会性公德"是指"任何个人在人际交往和人群关系中所应具备的德性或所应遵守的道德规范"。[2]前者大概对应梁氏所谓"国家之所以为国"，后者则对应"人群

---

〔1〕 梁启超：《新民说·论公德、论私德》，载姚新中、王觅泉主编：《中国伦理学史经典精读》，高等教育出版社 2016 年版，第 14 页。

〔2〕 陈乔见：《公德与私德辨正》，载《社会科学》2011 年第 2 期。

之所以为群"。

值得商榷的是，"政治性公德"应当不局限于"为政者"，其实普通公民也未尝没有"政治性公德"可言。每个公民都应该对国家公共事务有一种基本的关心，在有些事情上也负有参与的义务，例如选举。又如，有些国家法律规定公民有服兵役、充当陪审员之类的义务。履行相关义务，必要时争取自己的权利，就是每个公民的"政治性公德"。[1]梁启超的"公德"概念特别强调一种国家认同意识和公共精神，这就具有"政治性公德"的色彩。履行"政治性公德"要求时，不是指向某些特定的个体，而是指向政治共同体，"政治性公德"的内容通常蕴含在法律制度之中。

"社会性公德"则针对在社会领域与我们发生交往关系的特定对象，例如在公共场合应当遵守一些公德规范，就是出于对那些我们行动影响所及之人的尊重。"社会性公德"中有一部分是在法律上有所规定的，例如严重的欺骗、伤害，都为法律所禁止。有一部分则并无法律规定，而是由社会舆论和内心信念来调节，例如一些不太严重的欺骗、伤害，以及一些更加积极的要求，例如，力所能及地帮助那些有紧迫需求的人。[2]

因此，"政治性公德"和很大一部分"社会性公德"都由法律规定，遵守这些公德要求也就等同于遵守相关法律，"德法兼修"在此面临意义重叠。但是，从这里开始，我们也发现"德法兼修"有了合理的意义。因为还有一部分"社会性公德"，虽然也很重要，但是并不一定适合通过法律来强制推行，例如见义勇为之举。一旦立法要求见义勇为，首先将非常难以确定哪些人（目击者抑或听闻者）负有这样的法律义务，谁又真正违背了它（嫌疑人可以声称自己根本不知晓究竟发生了什么状况），这会给执法带来巨大的困难。更重要的是，这可能是对法律和道德的双重伤害。对法律而言，如果很多人无法达到这个要求，以至陷入一种普遍的违法状态，人们就会对法律失去信念，这有损法律的尊严。而即使有人真的见义

---

〔1〕 关于服兵役、充当陪审员等作为公民义务的道德理由，参见［美］迈克尔·桑德尔：《公正：该如何是好？》，朱慧玲译，中信出版社 2011 年版，第 94～101 页。

〔2〕 关于是否应当立法来推行这一要求存在争议，参见徐国栋：《见义勇为立法比较研究》，载《河北法学》2006 年第 7 期。

勇为，袖手旁观者也会认为他只不过是慑于法律的威严而勉强为之，并不比自己高尚多少，这是对道德的抹杀。因此，像见义勇为这样的要求，最好还是交由个体良知和社会舆论来调节。

"德法兼修"的意义在这里就显现出来，修"德"获得了独立于修"法"的实质内涵。对于这些没有（也不宜）由法律来规制的社会交往事务，确有在修"法"之外，"兼修"道德的可能性和必要性。

四、公德私德之辨与"德法兼修"

与"公德"相对还有所谓"私德"，"私德"是指"个人在私人领域（如家庭、亲情关系圈、朋友、私密关系圈等）中所应具备的德性或所应遵守的道德规范"。[1]公共领域的交往对象对我们而言通常是无差别的陌生人或公民，但是私人领域的交往对象每个人都与我们有特殊的缘分，对我们有特殊的意义。我们对公共领域的交往对象通常只有最基本的尊重和怜悯，但是对私人领域的交往对象则怀有更积极、更深挚，也更多样的情感。这种特殊的共同生活缘分和由此积累的特殊情感，使我们彼此对对方承担起更重的义务，并且不是因为对方要求我们这样做。在这种亲密关系中，双方都更加慷慨无私，主动为对方着想，心甘情愿地为彼此付出，而较少计较自己的得失。

当然，大量人际交往关系可能介乎典型亲密关系和完全陌生人关系之间，比如由家庭关系扩展而来的亲戚关系，或者一般朋友关系，就既不同于更加亲密的夫妻、亲子、同胞关系，或者挚友关系，但也不完全就像陌生人之间那样疏远。而且，亲密关系也不是固定不变的，很多亲密关系是由陌生人关系转化而来的，例如夫妻、朋友最开始可能是互不相识的人，但是亲密关系也有可能破裂，退变为陌生人关系或一般公民关系。在亲密关系中，一旦一方开始主动要求，甚至主张自己有得到某种对待的权利，

---

[1] 陈乔见：《公德与私德辨正》，载《社会科学》2011年第2期。该文还区分出另外一种私德，"大体相当于梁启超所谓的'独善其身'和李泽厚所谓的安身立命的准宗教性追求"，这种私德是一种个人精神追求或人对自己的某种义务，其实已经超出了一般所论道德的范围，此处暂且存而不论。

其实就已经意味着这种亲密关系在向陌生人关系，或一般公民关系衰变。当这种要求变得要诉诸法律途径时，他们就从亲密关系完全退化为一般公民关系，他们之间的交往事务就从私人领域转移到了公共领域。例如亲友之间可能因为利益纠葛而对簿公堂，或者家庭内部发生严重暴力对待，以至必须由公权力机关施加惩戒。

所以这种私人领域亲密关系中的私德，似乎从概念内涵上就已经将法律治理排斥在外。一旦需要诉诸法律（无论是当事人主动寻求法律途径解决，还是相关行为触发了执法和司法介入），交往事务的性质就发生转变，私德也早已无从谈起。一方面，以私德维系的亲密关系超出了法律规定的权利义务关系，使后者在亲密关系中根本不必出场。另一方面，除非发生一些特殊情况（例如严重家庭暴力），私人领域的关系和事务并不适于通过法律来规制。例如，通过法律规定子女有赡养年老父母的义务还算合理，但是将子女"常回家看看"的要求写进法律，就引起了很大争议，[1]这样做同样可能导致对法律和道德的双重伤害。

因此有一种关于公德和私德的区分，就是根据是否由法律作出规定来划界的。按照这种区分，"公共道德是这样一个领域，在这一领域中，人们行为的准则是由法律所强制的，违反这一道德法规将根据刑法而受到制裁。例如，谋杀和偷窃就是公共道德的问题，一般认为，公共道德对维护共同的生存是必不可少的。相比之下，私人道德和法律则是两个不同的领域，违反私人道德原则会受到谴责，但不受法律的管辖。有时公共道德和私人道德之间的界限不容易区分，如卖淫和色情描写问题。社会根据什么和在多大程度上有权强制其流行的道德是一个有争议的问题。"[2]

这一区分与本文所接受的公德和私德区分同异互见。这里界定的"公共道德"的范围，等同于前文论及的"政治性公德"以及由法律来规制的一部分"社会性公德"。不同的是，本文认为还有一部分没有（也不宜）

---

〔1〕　参见杜乐其、黄燕：《"常回家看看"条款：缺陷及其完善》，载《理论探索》2014年第4期。

〔2〕　[英]尼古拉斯·布宁、余纪元编著：《西方哲学英汉对照辞典》，王柯平等译，人民出版社2001年版，第837页。

由法律来规制的"社会性公德",按照这里的标准就应当划归"私人道德"。但是,此处并不存在实质性分歧。从发生场域来讲,这类道德涉及的是与一般社会公民之间的关系,所以按我们前文的界定属于"社会性公德",而从治理方式上来讲,它们是个人或社会自治性的,因此又属于这里界定的"私人道德"。至于卖淫和色情描写,可能有时候只是局限于个人或小团体,若按发生场域这一标准,勉强可以归为私德问题。对于小规模的、私密进行的这类行为,是否应该通过立法来规制,确实存在一些争议。但是,有时候这类行为是更大规模地弥漫在社会中的,按发生的场域,就应当归为"社会性公德"问题,而且,也有必要通过立法来规制。

前文提出的公德和私德区分完全是描述性的,区分标准是交往关系和事务发生的场域(一般公民关系还是亲密私人关系),而这里区分"公共道德"和"私人道德"则是根据治理方式(法治或自治),不同的交往关系和事务应该适用不同的治理方式,所以后面这种区分不完全是个事实描述,还涉及区分是否合理的规范性问题(如卖淫和色情描写涉及的道德问题究竟应该如何界定)。这两种区分在大多数情况下都是重合的,可能发生歧义的地方在于,有些社会公共领域的交往关系和事务可能是自治性的(如见义勇为),而有些私人领域的交往关系和事务则可能也需要法治(如严重家庭暴力问题)。

总之,公共领域与私人领域、公德与私德的划分,并不仅只是一个事实性问题,而且也是一个规范性问题,这个规范性问题涉及法治与自治之间的合理边界,更进一步地,涉及国家与社会、个人之间的合理边界。"在一个健全的社会中,在促成人们的优良行为时,个人的良知、社会的舆论以及国家的法律应当存在明确的分工。有些道德行为适合交付人们的道德良知来判断,有些道德行为要借重于社会舆论的力量,而有些道德行为则必须仰赖法律的权威。"[1]在国家与社会、个人合理划界与分工的基

---

〔1〕 参见杨伟清:《德教、德政与道德法律化——论德治的三种解释》,载《云南大学学报(社会科学版)》2019年第2期。

础上，"德法兼修"的意义也就明晰了。

五、作为教育理念的"德法兼修"

"德"是一个综括性的概念。道德贯穿在我们的人生当中，不同情境会对我们提出不同的道德要求，而"做人"在很大程度上就是要"做一个道德的人"。这些道德要求中有一些比较特殊，它们是通过国家法律来规定和保障实施的，例如律师和公职人员的职业道德，一般公民应该承担的政治性公德和一些底线性的社会性公德（其他行业的职业道德也大致可以容纳在这部分社会性公德之中）。在这类情况下，道德的要求就是守法，修"德"固然也希望培养起个体内在的道德信念，但是它不能依赖于此，正义、完善的制度和法律才是其根本保障。

人除了作为一般社会公民，以及在公共领域扮演一些角色之外，还作为家人、朋友，以及独立的个体，生活在自己的私人领域。在这些领域中尽管仍然有一些底线性的道德要求，如禁止严重暴力，要由国家和法律来管辖，但是大部分事务是自治性的，国家和法律并没有，也不宜介入这些事务。这些领域当然也有道德要求，而且是很高的道德要求，不仅是行动的尽责，而且还特别强调情感的忠诚，修"德"在此具有不同于守法的独立内涵，要依靠个人的愿力。对于做一个合格的社会公民和政治共同体成员（以及合格的公职人员）而言，最基本和首要的道德就是守法。而对于做一个完满的人而言，则需要"德法兼修"，亦即除了守法，还应培养良好的私德，真挚地对待亲人和朋友，用心经营自己的人生。

在澄清了"德法兼修"的理论背景和内涵之后，我们才能确定，作为一种教育理念，它应该怎样在实践中贯彻落实。

首先，"德法兼修"作为法学教育的目标和要求，不能简单理解为法律职业伦理和法学知识技能兼修。法律职业伦理固然重要，它也确实是法学专业人才应该修习的道德课程。但是，法律职业伦理的基本要求不是别的，恰恰就是守法，其具体要求就来自法律的规定。所以，在法学人才培养中注重法律职业伦理教育，虽然是题中应有之意，但这基本上仍然属于"德法兼修"中"法"的一面。法律职业伦理教育应该明确，这种伦理以

"法"为依据，而不能完全为朴素的社会道德直观所左右。"德法兼修"中"德"的一面，应该有不同于法律职业伦理的内容，将私人领域的道德包含在内。私人领域的道德陶冶，可以使法律工作者对人情世故有更加敏锐细致的感受，更富实践智慧，这样的个体更有可能在公共领域知法守法，合理有为。只有将"德法兼修"中的"德"更加宽泛地理解为私人领域道德，而非狭窄地理解为法律职业伦理，"德"和"法"才能体现出相对的独立性和彼此之间的互补性，"德法兼修"对法学专业人才培养而言才是一个真正有意义的理念。

其次，"德法兼修"当然不仅只是针对法学专业人才的培养理念，而应该是各专业人才培养乃至全社会教育的一个普遍目标。对于法学专业人才培养而言，"德法兼修"的意义可能更偏重"德"的一面，而对于一般意义上的人才培养或者全社会教育而言，现阶段"德法兼修"的重点恐怕更应该放在"法"的一面上。当然，这并不是要求全社会都去学习和钻研法律知识，在社会分工高度专业化的今天，这是不现实的。我们在此强调"德法兼修"中"法"的一面的意义，除了具体法律知识的普及之外，更重要的是法治精神培养和法治文化建设，使社会上下形成一种尊重权利、遵守规则的风气，不断夯实社会文明底线。只有这样，才能培养出有理有节的现代公民，建设良好的社会公德，这也能对私人领域交往生活起到一种约束作用，保障私人领域道德培养的合理空间。

最后，贯彻落实"德法兼修"的教育理念，不仅仅只是高等教育或者学校教育的任务，而是一项系统性的社会事业。无论是在私人领域出色扮演特殊关系中的特定角色，养成良好私德，还是在公共领域做一个合格的公民或公职人员，做到奉公守法，都需要在广阔的生活实践中不断地加以训练。因此，"德法兼修"的目标不可能仅仅通过课堂或学校教育来实现，甚至主要不是通过这些途径来实现，它需要家庭以及社会各方面的共同努力。"德法兼修"作为这样一项系统性的社会事业，也就离不开一些背景条件，例如正义、完善的制度和法律，适度宽裕的生活空间。假如在某个制度和法律环境中，不守法的人经常得不到惩罚，甚至大获成功，欺世盗名，反而坚守法律的人经常吃亏，那么我们不能指望，普通社会大众的良知能够经受住反复的考验和折磨而得以继续保持。假如我们终日奔波劳碌，苟延残喘，最自然的亲友人伦关系也将抵挡不住"贫贱百事哀"的消磨与绞杀，陷入贫瘠荒芜的境地。因此，"德法兼修"需要国家、社会和个人各就其正，共同努力。

课程与教学

Ke Cheng Yu Jiao Xue

国际化视域下我国研究生专业英语课程教改研究

——基于中国政法大学研究生的调查分析 *

张艳红　钟涓涓　刘保升**

当前我国政治、经济、文化国际化交流是积极因应国家需要的时代底色与历史选择。"教育是综合国力的重要组成部分，高等教育尤其重要。"[1]研究生教育国际化视域是高等教育不可或缺的一个重要维度。进一步提高高校研究生人才培养质量、更快更好地推动我国经济建设、提高综合国力，加强研究生教育国际化推进力度十分重要。

研究生专业英语课程是新世纪以来为培养国际型、综合型、全面发展型人才而开设的专业学科英语课程。目前我国多个高校的不同专业均开设有研究生专业英语选修课程或必修课程，但由于研究生英语学习态度、英语学习需求的转变，研究生专业英语课程的教学尚处于探索阶段。本文基于对中国政法大学研究生的问卷调查，分析研究生对于专业英语课程的态度与认识、偏好与评价，试图从中挖掘现今研究生专业英语课程中存在的问题，为今后研究生专业英语课程的改革与改进建言献策。

---

* 本文为作者主持的 2017 年中国政法大学专业学位课案例示范教改项目的实证研究成果。

** 张艳红，女，中国政法大学光明新闻传播学院副教授。钟涓涓，女，中国政法大学光明新闻传播学院 2018 级新闻学硕士。刘保升，河北省保定市莲池区人民法院党组副书记、副院长。

[1] 孙珲、王婉霞：《研究生教育国际化推进策略和路径研究》，载《高教学刊》2020 年第 21 期。

一、本项研究的宏观背景与出发点

理论与实践证明，我国研究生教育在培养创新人才、提高创新能力、服务经济社会发展、推进国家治理体系和治理能力现代化方面具有重要作用，肩负着高层次人才培养、创新创造的重要使命，是国家发展、社会进步的重要基石。改革开放以来，我国研究生教育实现了历史性跨越，培养了一批又一批优秀人才，为党和国家事业发展做出了突出贡献。

当下我国研究生教育的核心主旨与出发点就是适应党和国家事业发展需要，培养、造就大批德才兼备的高层次人才，坚持"四为"方针，瞄准科技前沿、关键领域，深入推进学科专业调整，提升导师队伍水平，完善人才培养体系，加快培养国家急需的高层次人才，面向国家经济社会发展主战场、人民群众需求和世界科技发展等最前沿，培养适应多领域需要的人才，为坚持和发展中国特色社会主义、实现中华民族伟大复兴的中国梦做贡献。

最关键的具体层面包括：深化研究生培养模式改革，进一步优化考试招生制度、学科课程设置，促进科教融合和产教融合，加强国际合作，着力增强研究生实践能力、创新能力，为建设社会主义现代化强国提供更坚实的人才支撑。

专业英语课程是当下全球化时代背景与国际化人才培养视域下我国高校研究生课程设置的微观一维，却是不可或缺的重要切入点。

培养具有创新能力、国际化思维、专业能力出众的高层次人才，在明确明晰、优化调整培养目标的前提下，建设科学合理的国际化课程体系势在必行。首先是对我国现有的研究生教育课程体系进行整体通观与客观回望，保留、发扬光大其中真正有利于国际化视域目标的有效做法，探究"设计理念很丰满、教学效果很骨感"的多种根源，逐步拿出"对症下药"的精准举措，建设适合本校、本专业研究生教育国际化课程体系，优化系列的专门课程，"在教学内容上添加国际化发展相关知识、相关课程，与国际交流实践活动有机结合。"[1]

英语作为外语中的"大语种"、几大国际语种之一，在世界上使用极为广泛，在我国学生中普及程度较高。相应地，专业学科英语（简称为"专业英语"）也是目前我国大部分高校开设专业外语中的"大语种"，其作为语言外壳的国际因子不言而喻；其承载的专业学科内容既有万变不离其宗、并无国界的学科共性内容，同时也必然蕴含着我国高等教育可以扬弃式借鉴、滋养我国的异域特质与学科个性的内容。这些既是我国高等教育在课程体系顶层设计与具体设置时取"他山之石"的国际化借鉴来源，同时也是中国向外释放"中国智慧、中国方案"话语解释力、提升国际话语权的重要途径。

本文围绕研究生专业英语课程教学改革而开展的问卷调查及数据分析，由于主客观因素局限，仅仅完成了面向中国政法大学若干专业、若干数量研究生的问卷调查，所获样本总数有限、所涉学科范围有限，暂时未能拓展深入到我国多所大学、多个学科领域与多个专业，但期"先窥一斑、继而探知全豹"，以我校研究生专业英语课程教改一隅为起点，进一步拓宽研究范围、深化研究维度，聚焦我国各高校研究生专业英语课程的整体状貌与面临的共性问题与个性短板，提升此类教改研究的实践针对性与学术价值。

二、调查样本、方法与内容

本次问卷调查的对象为中国政法大学研究生一、二、三年级的学生。通过网页链接发布在线问卷，共收到有效问卷 101 份。调查问卷所涉及的问题包括五方面：研究生的个人基本情况，包括性别、本科专业背景、英语水平；研究生对于专业英语课程的选择态度；研究生对于专业英语课程的目标认识；研究生对于专业英语教学模式的偏好；研究生对于专业英语课程的评价与建议。

---

[1] 孙珲、王婉霞：《研究生教育国际化推进策略和路径研究》，载《高教学刊》2020 年第 21 期。

三、调查数据分析

(一) 研究生专业背景与英语水平调查

表 1 调查对象基本情况[1]

调查内容		频率/人数	比例/%
性　别	女	81	80.2
	男	20	19.8
英语水平	未通过 CET4	15	14.85
	通过 CET4 但未通过 CET6	31	30.69
	通过 CET4 和 CET6	55	54.46
本科专业背景	文史哲类	47	46.53
	理工类	19	18.81
	经管类	19	18.81
	艺术类	5	4.95
	其他类	11	10.89

表 1 统计数据显示了参加问卷调查的学生基本学科背景与英语水平。学生的学科背景主要为文史哲类，英语水平较高，但对于个人英语水平的评价缺乏一定的自信心。在本次问卷调查中参与者共 101 人，男生 20 人，占 19.8%，女生 81 人，占 80.2%。中国政法大学作为以法学为特色的多科性高校，文史哲类本科专业背景的研究生占据比例为 46.53%，其次是理工类、经管类、艺术类、其他类，分别占 18.81%、18.81%、4.95%、10.89%。

在英语水平的调查中，以是否通过大学英语四级（CET4）与大学英语六级（CET6）作为参考标准，调查结果显示大部分学生已通过大学英语四级与大学英语六级，占 54.46%，未通过大学英语四级的人数占 14.85%。

---

[1]　该项调查的问卷发放与回收、数据统计与分析、图表制作等环节，由研究生钟涓涓完成。

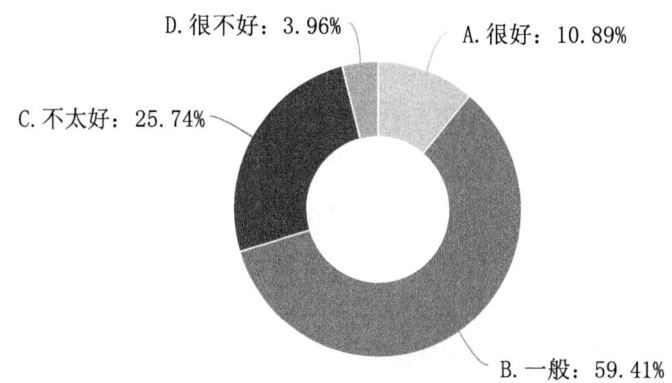

图 1 对自己英语水平的评价

图 1 统计数据显示了学生对自己英语水平的评价。学生对于自我英语水平评价不乐观、缺乏自信，59.41% 的学生认为自己的英语水平一般，25.74% 的学生认为自己的英语水平不太好，只有 10.89% 的学生认为自己的英语水平很好。根据调查问卷结果可以看出，大部分参与调查的学生具备良好的英语水平，但这些学生对于自己的英语水平并不真正自信、满意。

（二）研究生专业英语课程的选择态度

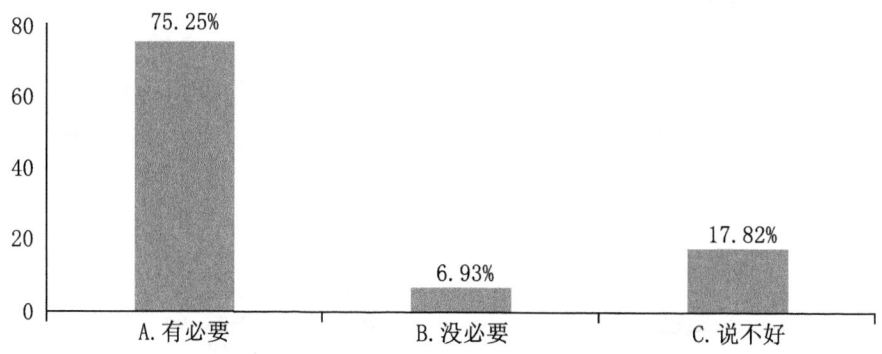

图 2 是否有必要开设专业英语课程

图 2 统计数据显示了学生对有无必要开设专业英语课的基本态度。绝大部分学生认为研究生专业英语有必要开设，认为专业英语课程开设的最佳时间是在研究生一年级阶段；学生们对于专业英语课程的选择主要是出

于升学、就业、拓宽视野的考虑；不选择专业英语课程的主要原因则是英语学习障碍、认为课程实用价值不大。

具体如下：75.25%的学生认为有必要开设研究生专业英语课程，17.82%的学生对此持中立态度即选填"说不好"，6.93%的学生选择了"没有必要"选项。对研究生专业英语课程开设的进一步调查结果显示，90.1%的学生倾向于在研究生一年级阶段开设专业英语课程，9.9%的学生倾向于在研究生二年级开设。

（三）选择专业英语课程的出发点

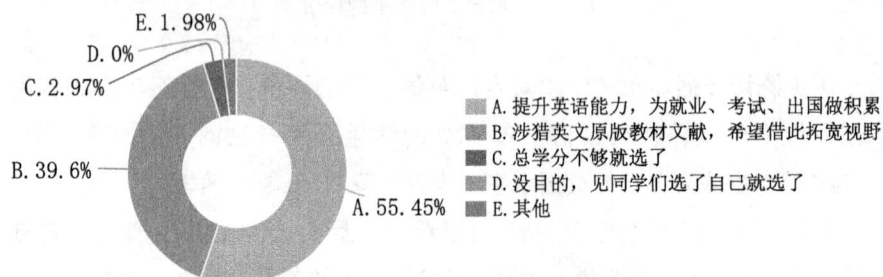

图3　选择专业英语课程的出发点

图3问卷调查结果显示了学生选择专业英语课程的出发点。55.45%的学生选择专业英语课程是以"提升英语能力，为就业、考试、出国做积累"为目的进行学习，39.6%的学生出于对"涉猎英文原版教材文献，希望借此拓展学术视野"的需求选择专业英语课程，剩下4.95%的学生因为学分原因和其他原因选择专业英语课程。

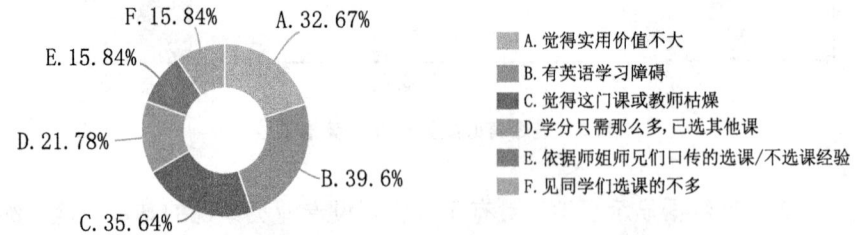

图4　不选择专业英语课程的原因

图4问卷统计数据显示了学生不选择专业英语课程的原因。32.67%的学生觉得专业英语实用价值不大，39.6%的学生有英语学习障碍，35.64%的学生觉得这门课或教师枯燥，21.78%的学生认为学分只需那么多，既已选其他课程就无须再选专业英语课程，15.84%的学生依据上届师兄师姐们口传的选课/不选课经验而不选择英语课程，15.84%的学生见同学们选课的不多就不选了。

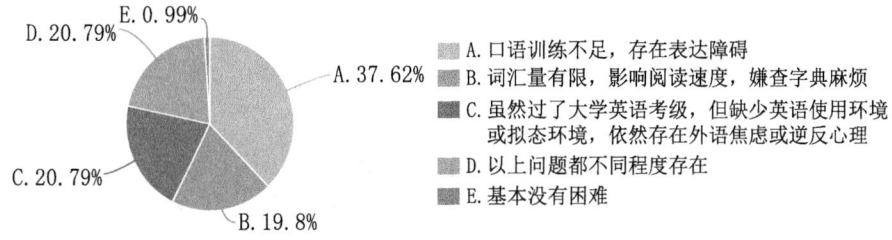

图5　专业英语学习中的困难

图5统计数据显示了学生在学习专业英语中遇到的困难。37.62%的学生认为专业英语所能提供的口语训练不足，存在表达障碍；有19.8%学生认为"词汇量有限，影响阅读速度，嫌查字典麻烦"以及20.79%的学生存在着"虽然过了大学英语考级，但缺少英语使用环境或拟态环境，依然存在外语焦虑或逆反心理"的问题，同时有20.79%的学生认为上述问题都不同程度存在。仅有0.99%的学生认为专业英语学习基本没有困难。

综上所述，图3、图4、图5调查问卷统计结果显示，绝大部分学生对于研究生专业英语的重视程度较高，认为开设研究生专业英语课程很有必要，但也存在口语障碍、心理焦虑、词汇量不足等困难。研究生选择专业英语课程，主要出发点是基于今后就业、相关考试、出国深造以及对研究生阶段阅读更多相关专业英文文献以拓宽视野所需。不选择专业英语课程的原因是一部分学生缺乏信心、存在英语心理障碍且有多年的"英语课堂枯燥"情结印象，或是认为其实用价值不大；另一部分学生见别人不选，主观认定"或是课程或是老师授课风格枯燥"，不必钻冷门而弃选。

（四）研究生专业英语教学模式偏好

获知了学生对于专业英语课程的选择态度与选课动机，与此相关的关键是探索学生对于专业英语课程教学模式的偏好与期待，以此激发学生对专业英语的学习兴趣与课堂参与热情，切实满足学生对于专业英语学习的需求。下列图6至图10的统计数据，包括教材、课程课时安排、课堂内容搭配、课堂参与方式、课堂中教师使用英语程度五个方面。

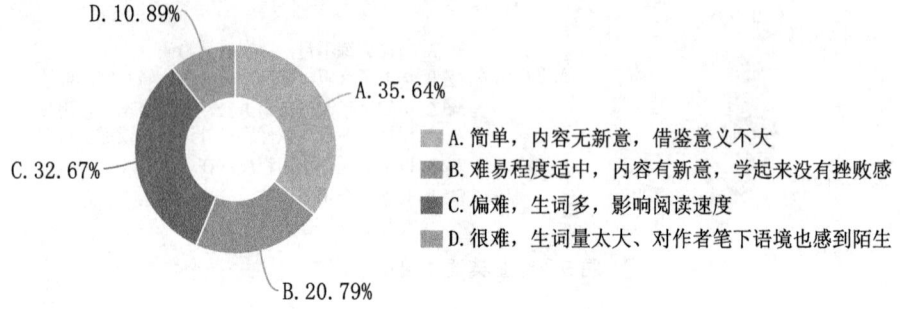

D.10.89%

A.35.64%

C.32.67%

B.20.79%

A.简单，内容无新意，借鉴意义不大
B.难易程度适中，内容有新意，学起来没有挫败感
C.偏难，生词多，影响阅读速度
D.很难，生词量太大、对作者笔下语境也感到陌生

图6　对专业英语教材的评价

图6统计数据显示了学生对专业英语教材的评价。学生对于教材的看法呈现两极化。32.67%的学生认为自己所用的专业英语教材"偏难，生词多，影响阅读速度"，10.89%学生认为"很难，生词量太大，对作者笔下语境也感到陌生"；但也有35.64%的学生认为自己所用的专业英语教材"简单，内容无新意，借鉴意义不大"，20.79%的学生对于教材比较满意，认为"难易程度适中，内容有新意，学起来没有挫败感"。通过统计对比可以发现，多数学生对于教材或多或少地持有不满态度，难度把握不平衡、内容枯燥无新意、生词量大影响学习效果是目前专业英语教材的缺陷所在。

教材是专业英语教学的基本条件，也是进行教学活动的依据，对学生掌握知识技能与内容理解具有重要的辅助作用，因此教材的质量与学生对教材的认同感对于专业英语课程学习的效果至关重要。

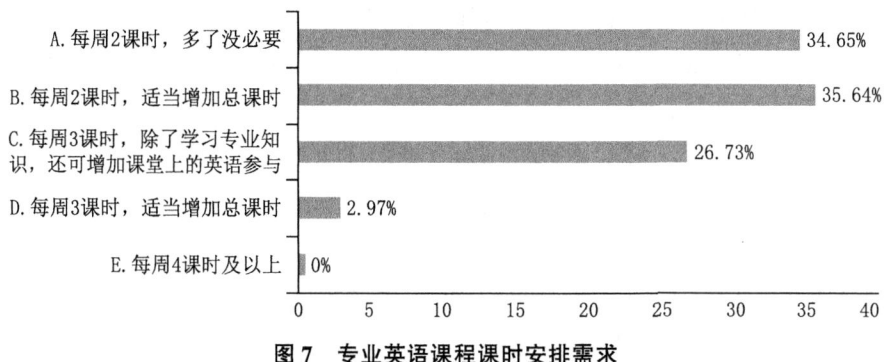

图7 专业英语课程课时安排需求

图 7 统计数据显示了学生对专业英语课时安排的看法。34.65% 的学生倾向于每周 2 课时的专业英语课程学习，35.64% 的学生认为可以在每周 2 课时的基础上适当增加总课时。26.73% 的学生倾向于每周 3 课时，希望在除了学习专业知识的基础上还可增加课堂上的英语参与。只有 2.97% 的学生愿意每周开设 3 课时以上的专业英语课程。总体而言，绝大部分学生认为每周 2~3 课时的专业英语课程安排是最为合理的，希望能在课堂中增强参与感。

适当的课时安排对于课程学习来说是取得良好学习效果的一大重要因素，也是系统化教学、合理安排课程内容的前提条件。

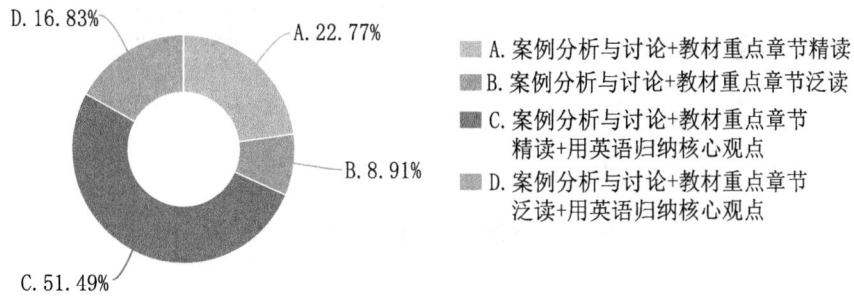

图8 课堂内容搭配调查

图 8 数据统计结果显示了学生对专业英语课堂内容搭配的看法。过半数的学生喜欢"案例分析与讨论+教材重点章节精读+用英语归纳核心观点"，人数比例占 51.49%，其次受学生青睐的课堂内容搭配是"案例分析

与讨论+教材重点章节精读"，人数比例占 22.77%；而教材泛读类的"案例分析与讨论+教材重点章节泛读"和"案例分析与讨论+教材重点章节泛读+用英语归纳核心观点"的选项选择人数较少，各占 8.91% 和 16.83%。由此可以看出学生对于课堂内容精讲精读的需求较大，期盼通过教材重点章节的精读掌握专业英语的要点，希望能用英语归纳教学内容中的核心观点。

课堂内容搭配是影响专业英语课程教学效果的核心与关键因素，"内容为王"同样适用于课堂教学。

图 9 问卷统计数据显示了学生所期待的课堂参与方式。学生首先倾向于开口用英文进行课堂交流讨论。选择"用英语参与案例讨论"选项的人数比例达到 59.41%。其次，大部分学生希望借助中英文翻译的方式提高英文水平和锻炼口译能力，因此选择"将教材核心章节译成规范的汉语，强化专业知识、锻炼口译能力"的人数占比为 51.49%。此外，也有较大比例的学生倾向于以真实模拟与表演形式参与课堂，52.48% 的学生选择"举行几期英语模拟访谈、英语模拟新闻发布会"，35.64% 的学生选择"以表演的形式小组合作编排英文节目"。

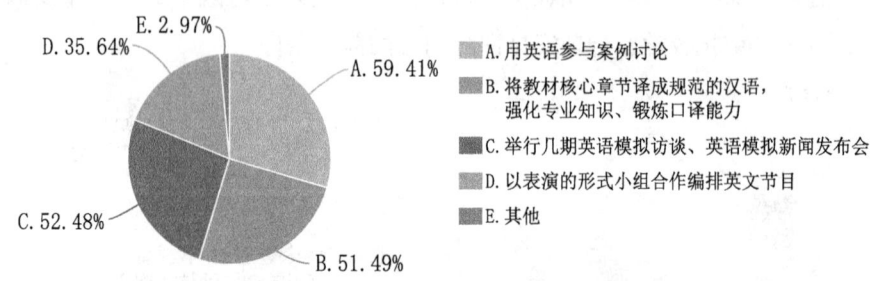

图 9　学生期待的课堂参与方式调查

学生是课堂中的主体，课堂的参与方式对于提高学生课堂学习兴趣有至关重要的作用，随着研究生课堂教学改革的推进与发展，如何创新改进课堂的参与方式成为问题的关键所在。学生对于趣味性、参与性、反转型的课堂需求度很高，希望能感受到打破传统的被刻板无趣束缚的专业英语课堂，期盼在课堂中得到专业化的英语口语训练，在真实模拟的场景与表演中进行专业英语的学习。

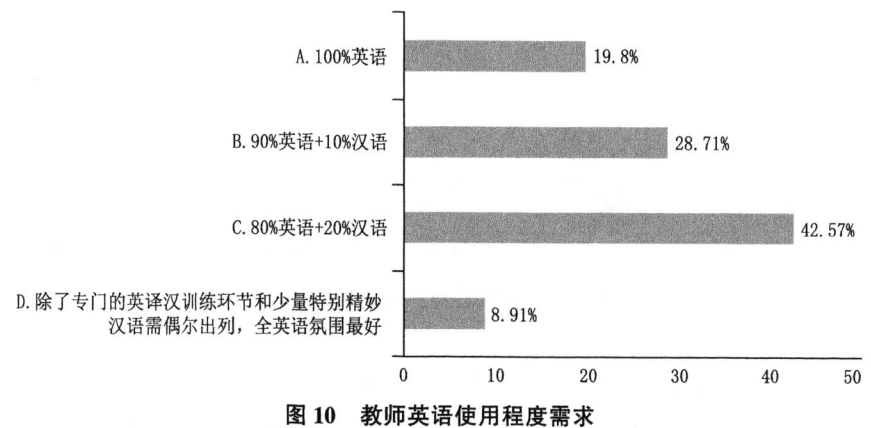

图10 教师英语使用程度需求

图10问卷统计数据显示了学生对教师使用英语程度的看法。首先，42.57%的学生希望教师能在大部分运用英文授课的同时小部分运用汉语进行辅助解释加深理解，"80%英语+20%汉语"对这一部分学生来说较为合适。其次，28.71%的学生认为"90%英语+10%汉语"的结合更能在营造浓厚英语学习氛围下提高水平。少部分对英文授课接受程度较高的学生认为"100%英语"使用程度以及"除了专门的英译汉训练环境和少量特别精妙汉语需偶尔列出，全英语氛围最好"，这两个选项的比例各占19.8%和8.91%。

根据上述调查得知，鉴于研究生专业英语课程特有的专业词汇、英语文化语境与综合知识背景，学生主张教师以英文授课为主体、中文解释为辅助，但也迫切希望教师营造全英文课堂氛围，学生总体的英语参差水平决定了其总体的矛盾态度。

（五）对研究生专业英语课程的评价与建议

学生是课堂的主体，课堂效果与学生的感受密切相关。在课程教学改革中，必须切实注重、关注学生对于课程的评价与建议。

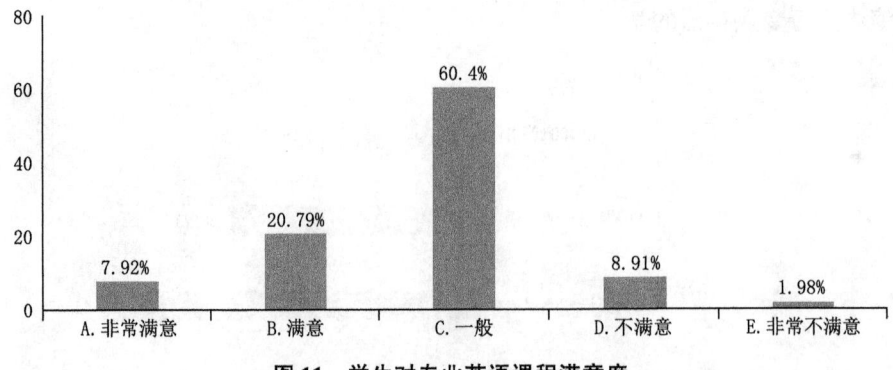

图 11　学生对专业英语课程满意度

　　图 11 问卷数据统计显示了学生对专业英语课程的满意度。60.4%的学生认为目前各专业英语课堂教学一般，20.79%和 7.92%的学生感到满意和非常满意，8.91%和 1.98%的学生感到不满意和非常不满意。

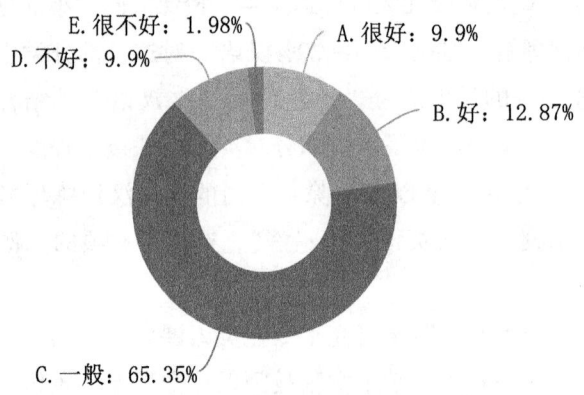

图 12　学生专业英语学习效果评价

　　图 12 数据统计显示了学生对其专业英语学习效果的评价。过半的学生认为自己对于专业英语学习的效果一般，这一部分学生占 65.35%；9.9%和 12.87%的学生对专业英语学习的效果比较满意，选择了"很好"和"好"选项；小部分学生认为自己学习专业英语的效果不好，9.9%和1.98%的学生选择了"不好"和"很不好"。

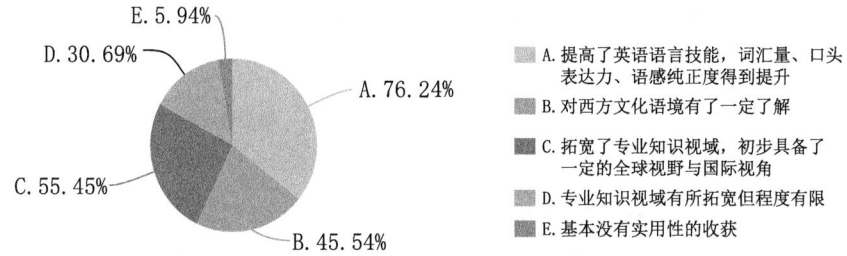

E. 5.94%
D. 30.69%
A. 76.24%
C. 55.45%
B. 45.54%

A. 提高了英语语言技能，词汇量、口头表达力、语感纯正度得到提升
B. 对西方文化语境有了一定了解
C. 拓宽了专业知识视域，初步具备了一定的全球视野与国际视角
D. 专业知识视域有所拓宽但程度有限
E. 基本没有实用性的收获

图 13　学生专业英语学习的收获调查

图 13 问卷数据统计显示了学生选择专业英语的收获情况。76.24% 的学生通过专业英语学习提高了英语语言技能，词汇量、口头表达力、语感纯正度得到提升；55.45% 的学生认为专业英语课程学习拓宽了自己的专业知识视域，初步具备了一定的全球视野与国际视角；45.54% 的学生通过专业英语的学习对西方文化语境有了一定的了解；30.69% 的学生认为虽然自己的专业知识视域有所拓宽但程度有限，5.94% 的学生则认为选择专业英语课程基本没有实用性收获。

（六）其他

为深入了解学生对专业英语课程的深度需求与建议，笔者在调查问卷中设置了两个开放式问题。一是"在你印象中，我校哪门研究生专业英语课开得好或是值得选修？选修原因是什么？它有哪些特点与独到之处？"。二是"您对专业英语教学内容、教学方式、教材、师资等有何看法与建议"。

对第一个问题，仅有 6 人回答，其中 4 人回答"无"，2 人回答"没印象""不了解"。这一调查结果显示目前尚无学生满意程度很高的研究生专业英语课程、大部分研究生并不关注"专业英语课程"这一议题。这在一定程度上表明，我校研究生专业英语课程在其正知理念建设、宣传导向明晰、任课教师对课程的改革与使命坚守、研究生选课既重短期也务求长远、社会风气对校园学风的影响等方面，均需正本清源，各自反思担当、与时俱进、各自提升。

对第二个问题，回答人数为 7 人，其中 2 人回答"加强专业性、互动性、趣味性"和"师生互动性、学生积极性必须提高"，1 人认为"不妨增加一些国外热点新闻事件讨论，提高大家的课堂内外学习兴趣"，1 人希望拥有"一流的师资"，剩下 3 人回答"无"。

四、调查总结

根据上述问卷调查数据统计分析，笔者结合自身教学积累与探讨所及，将目前研究生专业英语课程存在的主要问题归纳如下[1]。

（一）存在的问题[2]

第一，教材问题。教材是课程学习的重要依凭，是学生在课前预习、课后复习、深度学习的重要载体，否则 32~48 个课时不足以使学生获得系统化、规范化知识，一定程度上会制约课堂学习效果。

目前，我国高校的研究生，其英语听说读写水平参差不齐，"输入式"学习非常多，考试成绩骄人；"输出"能力差，听说能力不佳、词汇量不足且"死而僵"，不注重语境中学习、上下文中运用、由词到句到篇再由篇到跨文化的"走心式"学习，呈现"快餐式速成英语"特征，每年研究生复试中的英语高分低能现象可以说明问题。

学生对专业英语课程所用教材不满意、对教材难易程度评估出现两极化现象，直接或间接、或多或少影响到学生的学习态度，"不够认真，由于任课教师事先已说明总评成绩将以平时成绩为主，使一些学生降低了对卷面成绩的要求，认为只要能及格就行、卷面分数低一点没有关系"。[3]

另外，教材在各高校科研成果评定、职称评聘、评优评奖中不及各类国家级、省部级科研项目立项赞助的专著类"分量重"。因此，我国研究生各个专业英语教材种类不多，缺乏具有权威性、精心编写的可以有效克服上述我国研究生普遍存在的"英语输出能力弱"的专业英语教材，专心打造高质量的、精准契合我国研究生专业英语课程教材的教师队伍人数不

---

〔1〕 笔者主讲的本科生专业选修课《国际新闻播报》至今存在；主讲的硕士研究生专业选修课《（新闻传播学）专业英语》2018 年因选课人数不足，暂时停开。

〔2〕 根据笔者主讲本科《国际新闻播报》、硕士研究生《（新闻传播学）专业英语》课程的多年体会与探究总结。

〔3〕 朱文龙：《法学专业英语教学改革的试验与反思》，载《教学研究》2019 年第 4 期。

容乐观，大部分专业英语教师采取了"自选案例+原著选读+课件补充"的无教材方式，从英语国家引进的英文原版教材也会存在令中国学生望而生畏的语境语式隔阂与跨文化障碍，"慢热费时看长远"是当下研究生们不愿意选择或选择不起的思维模式。

第二，教学模式。学生作为课堂主体，其参与课堂的方式对提高学生课堂学习兴趣、建立恒定的成就感与获得感至关重要。"以学生讲授为主、以教材为辅，让学生在课堂上讲授他们觉得具有现实意义的法律常识，要求有案例、有法条、有分析，制作课件并且实质性的内容必须用英文展示和陈述"[1]，类似教学模式也是我校法学及其他各学科学生的共同呼声，近年已有类似尝试。

任课教师与时俱进创新教学模式、鼓励学生及时反馈、提高学生在课堂中的参与度，以趣味方式吸引学生参与课堂成为目前专业英语教学中的主要改进方向。同时，专业英语课堂教学中的中外比较与批判性扬弃、国际化与本土化的视角碰撞与收放自如，则需任课教师胸有成竹、坚守使命、站位拿捏得精准。概言之，在专业英语教学中，创新守正、与时俱进是不可或缺的。

第三，学生满意度低。从上文的统计分析可得知，学生对于目前专业英语课程的满意度较低，对专业英语的学习效果也不满，课程学习收获有限。研究生期间，学生课业繁忙、学习目标性与专业性强，对于专业英语学习具有"看得见、摸得着、经世致用"的目标诉求。当课程内容无法满足学生需求或无法"立即生效、得偿所愿"，学生的学习兴趣就会降低、失去选课的动力。

第四，学生的英语学习信心不足。我国高校大部分学生包括研究生虽然在各类英语考试中过关斩将、成绩傲人，但其英语语感与英语思维能力缺乏、英语输出能力弱、惯性顽固的汉语思维、二次转换妨碍纯正英语的瞬间喷薄、中英式夹杂、在汉语场域中用英语思维与表达始终是中国学生固有的心理障碍与信心兴趣的制约点。

---

[1] 朱文龙：《法学专业英语教学改革的试验与反思》，载《教学研究》2019 年第 4 期。

第五，学生的学习动力与兴趣不足。"费时费精力""学了未必有用""语言难度较大"是影响学生学习专业英语动力的主要因素，这"反映出实用主义心态对学生学习行为的影响。"[1]这种情形在中国政法大学学生中同样存在。

（二）新闻传播学专业英语课程的类似遭遇与积极探索[2]

笔者多年从事我校本科生专业选修课《国际新闻播报》与我校研究生专业选修课程《（新闻传播学）专业英语》教学与改革探索。上述调查问卷反映的问题，笔者也或多或少遭遇过，比如，"课程虽然重要却是人气冷清"的尴尬，"学生虽知专业英语是国际化时代人才培养的必要标配却懒得学外语"的急功近利与带有苦衷的任性。但经过多年的探索与苦守，笔者始终坚信、期待"守得云开见日出"式的专业学科英语愿景。

上述这两门课程虽在内容板块构成与文本选择、教学宽度与深度、教学环节设计与课外延伸实践、教学对象英语水平与知识面等方面各有其"自身识别度"，但这两门课程却存在"九九归一"的共同点，即无论是秉持内化于心的教学理论还是课堂教学实践，均是注重引领学生进行全英语语境、国际化与本土化的双重思维交互训练，以"痛并快乐着"的教育初心，坚信、体悟、证实专业英语在国际化人才培养环节中的不可或缺，积极摸索如何提升专业英语在国际化人才培养链条中的经世致用。

第一，在课堂案例赏析与少而精的理论讲解中，鼓励学生关注互联网时代各行各业的新兴发展与壮大、人类社会文明已经达到的前所未有的新领域新高度，引领学生聚焦"整个国际社会处于互通有无、取长补短的交互化、科技化、信息化"[3]，较为直观地认知何为"国际化视野"、如何建起"国际化视野"；通过布置课外阅读国际议题类的英语文本并将其作业完成情况计入平时成绩，以锻炼学生对"国际化视野"的认知积累以助力学生未来的"从量变到质变。"

---

[1] 朱文龙：《法学专业英语教学改革的试验与反思》，载《教学研究》2019年第4期。
[2] 根据笔者主讲的本科《国际新闻播报》、硕士研究生《（新闻传播学）专业英语》课程的多年体会与探究总结。
[3] 卢禹霞、于帅：《如何培养平面设计人才国际化视野》，载《人力资源》2020年第12期。

第二，在案例赏析与理论讲解中反复强调、示范引领学生如何学会用英语进行思考，教会其如何逐步抛弃先用汉语思考再进行英译的"二步走"套路，克服所有中国学生学习英语的这一通病；挖掘、彰显专业英语不同于公共英语的"专业学科营养"，最大限度地引领学生"用英语思维进行专业学科知识的思考与体悟"。

第三，本土化与中国化的归位思考，贯穿着这两门专业英语课程的始终。比如，引领学生掌握新闻传播学的核心精髓，研习其万变不离其宗的专业知识，初步感知其行业使命、入世经纶与哲学情怀，辨别赏析当下学界前沿思潮，拟入感知当下业界阵痛与突围；精准聚焦当下新媒体及其引发的技术与革新、经营与业绩、伦理与法律等层面的困境与悖论；引领学生警惕"妄想昔日重来"与"把一切浪漫化"的极端思维的虚妄弊端、讨论 Web 2.0、Web 3.0 时代的数字民主魅力与未来隐忧，锤炼学生在新媒体时代知识爆炸与思维激荡场域下的活力与张力、顺势而为的现时安身智慧与未来现代媒体知识分子的批判精神。

第四，以学生喜闻乐见、模拟实战的仿真实践课堂，指导学生全体参与扮演角色，演播社会热点、焦点话题访谈节目，筹备举行社会热点、焦点议题的新闻发布会，在亲力亲为的自主学习筹备、角色演练与集体围观、讨论与点评中，教师和同学们彼此教学相长、互动激发、唤醒提升，掌握一定的新闻英语语言能力、英语新闻业务技能，增强课程趣味、收获存在感与成就感。

五、对策性建议

根据上文的调查分析与笔者多年从事本科生、研究生专业英语的教学实践与探索，主要从以下几方面对研究生专业英语课程提出对策性建议。

第一，尽速尽快、大力打造若干既有国际视野、全英语思维模式又能契合我国研究生实际英语水平的、自编的专业英语教材。教材与教学是一体两翼。资讯新近权威、案例丰富且具有典型性与代表性、既具理论厚度又含经世致用技能训练的国际视野、本土色彩的"中国造"精良教材是核心中的核心，引进的原版英文教材更适合作教学参考书。

第二，倡导"学生参与研讨、改变重教轻学旧模式"的翻转式课堂教学[1]、模拟新闻发布会、模拟国际会议同声传译等趣味教学模式。目前中国高校英语教育最为缺乏的是全英文学习语境。学生参与课堂、翻转课堂、模拟表演等趣味性创新方式可以在一定程度上营造全英语学习语境。比如，授课教师根据相关教学内容，有目的地创设生动具体场景，提供趣味英语环境体验，以模拟仿真情景于师生之间、学生之间互动，倒逼、引领、锤炼学生的英语语感与英语思维，在寓教于仿、寓教于用、寓教于乐的英语情境之中，以实战操练提高研究生综合使用英语的能力；展示国际会议现场，让研究生直观感知、观摩国际会议流程，增加"看得见"的英语学习乐趣与成就感；举行英语新闻发布会，让所有学生参与其中，或充当英语新闻发言人，或充当主持人，或充当各媒体记者，在角色扮演中感悟专业技能环节，在模拟实战中找到课堂 C 位角色的存在感与成就感，同时锻炼其口语表达能力、英语思维与英语语感；将模拟国际学术研讨会引进课堂，让学生充当会议同声传译员，锻炼其反映灵感度、英语传译力，体悟同声传译的高难度挑战、新鲜刺激度及其对脑力体力的高要求。

第三，优化专业英语课程价值与学术价值的宣传造势。以学生喜闻乐见的方式彰显其在高等教育国际化目标中的独特价值，明晰其对研究生双语课程的前期基础性、铺垫性功用与彼此关联；加大专业英语案例教学比例，增强其业务技能与经世致用性，以消解学生昔日多年对我国高考英语或大学本科公共英语"单调枯燥"的刻板印象、消除学生"不拟出国深造、不拟到外资企业或从事涉外工作，费时费力学英语不划算"的急功近利与学术近视心理；引导学生摆正学习心态，避免自身英语薄弱而生畏难情绪、投入少或根本未接触过专业英语却人云亦云，主观断定专业英语实用价值不大。

第四，师生共同发力、同向致力，提高学生进行专业英语学习的信心与兴趣。信心是兴趣持久的前提，兴趣持久是信心增强的基础，二者相辅

---

[1]   谢明辉：《翻转式课堂在新闻评论教学中的运用——兼谈评论附加值意识的培养》，载《新闻知识》2019 年第 9 期。

相成；教师自身以字正腔圆的英语发音、纯正地道的英语语感、圆润无痕的英语思维"以身作则，以教为范"，令学生敬佩而心生向往。同时，对学生的英语水平报以欣赏其长、包容其短、激活其学的赏识教育态度，在各种模拟实战中让学生站在 C 位以建立学生的信心、打破对英语学习的恐惧与逆反心理。

第五，打造一支愿意笃定坚守、精心提升专业英语课程的教师队伍。其一，操作性较强的国家政策继续"保驾"，教师以此作为信心保障与方向遵循。研究生教育国际化离不开国家、政府的政策支持与舆论助力，为研究生教育国际化提供进一步的方向遵循与过程性支撑。"高校必须在国家政策、法规基础上出台相关政策，促进研究生教育国际化发展，保障学生受教育机会平等，保障国际交流活动有序实施"〔1〕，切实提高研究生教育国际化教育质量。其二，校院两级已有措施、优化措施的贴身"护航"，教师以此作为笃定持恒、精进探索的动力与依靠。其三，作为教育双翼、教学两端、传授主导与学习主体的教师与学生，默契配合、双向共振，"玩好跷跷板"。一方面，任课教师需要坚守"教育国际化"使命，注重自我提升、与时俱进，更好发挥主导作用；另一方面，学生需要进一步打开视野、逐步摒弃急功近利的选课心理、将眼前选择与长远意识相结合，二者缺一不可。

综上所述，国家政策保驾、校院举措护航、新闻舆论造势引导、师生之间达成最大"共识公约数与共振发力度"，以强化各相关主体的恒定体认与笃定践行，形成各维度客体因素的落实到位、合力形成。"彼此正向因应、多维同向发力"一定程度上是关键中的关键、薄弱中的薄弱、难点中的难点，"办法总比困难多"，事在人为、人在其心。

---

〔1〕 孙珲、王婉霞：《研究生教育国际化推进策略和路径研究》，载《高教学刊》2020 年第 21 期。

"四位一体"教学法与本科生学术能力的提升

——以《近代中国女性、战争与革命》课程为例

高翔宇　越纪坤 *

一、引言

通识教育源于 19 世纪的欧美,由英文"General Education"或"Liberal Study"翻译而来,其目的是培养学生能独立思考,且对不同的学科有所认识,以致能将不同的知识融会贯通,最终培养出完全、完整的人。在具体实践中,高等教育始终是"全人教育"理念推广的重点领域,通识教育课程是实施"全人教育"理念的重要途径。

自 20 世纪,通识教育已广泛成为欧美大学的必修科目,但通识教育在开展的过程中也存在一些问题,教育教学改革势在必行。除了麻省理工学院每年推出的数以千计跨学科的、本科生可以与教授建立直接联系、选择其中最感兴趣的项目进行一个学期或者更久学习的"本科生科研项目"[1],欧洲大学也坚持把通识教育课程整合到整个大学的学术活动中,并在专业教育的过程中

---

* 高翔宇,中国政法大学人文学院历史研究所讲师。越纪坤,中国政法大学国际法学院本科生。

〔1〕 参见季波等:《"以学生为中心"视角下通识教育的美国启示——美国五所一流大学新一轮通识教育改革案例研究》,载《江苏高教》2019 年第 11 期。

始终贯穿着通识教育理念〔1〕。由此，部分欧美高校的改革措施对本人教学方式与教学组织方面的理论构建也有所启发。

随着我国高等教育发展战略的转变和人才培养模式的变革，越来越多的大学也着眼于通识教育的改革与实践。其中，北京大学、清华大学、复旦大学和中山大学于 2015 年 11 月共同成立了"大学通识教育联盟"，以"学以成人"为目标，培养具有"文化自觉"的高素质人才，旨在为我国高校开展通识教育面临的共同问题和困惑寻找出路。复旦大学形成了以通识教育核心课程为主轴，以书院制和导师制为辅翼的通识教育体系，旨在促进学生全方位人格的养成，全面营造有利于本科学生成长成才的通识教育环境。清华大学通过文化素质教育讲座、文化素质教育课程、书院以及校园文化建设等多种途径来践行通识教育理念。〔2〕

以女性学及女性文化类课程为例，目前已有部分高校致力于通识教育课程模式改革的探索。例如，北京师范大学在女性学课程方面追求课程目标的创新、课程资源的创新与课程教学方法的创新，充分利用学校的历史积淀与丰富的师资，将性别视角整合到理论知识和研究方法中，以"学生提问+教师解答""教师组织+学生自主参与"与"学生自我报告"的模式开展课程学习。〔3〕再如，中华女子学院对社会政策的课程实施改革，引入以社区参与为基础的"项目式学习"，在教学方法与教学过程中间，建立起师生对话与交流的平台，注重将教师的指导与及时科学的评估贯穿"项目式学习"的始终，与此同时还加强以"项目式学习"为中心的课程群建设，由此增强各类通识课程之间的知识纽带。〔4〕

基于此，本人在此前开设的《女性与近代中国社会》等校公选课经验的基础上，申请新增《近代中国女性、战争与革命》为中国政法大学本科

---

〔1〕　参见孙华：《通识教育的欧洲模式》，载《江苏高教》2015 年第 2 期。

〔2〕　参见孙向晨、刘丽华：《如何让通识教育真正扎根中国大学——中国大学通识教育的挑战与应对》，载《中国大学教学》2019 年第 7 期。

〔3〕　参见张莉莉等：《大学女性学通识课程建设的新模式——以北京师范大学"女教授讲坛"为例》，载《中华女子学院学报》2018 年第 5 期。

〔4〕　参见王颖：《以社区参与为基础的项目式学习——以中华女子学院社会政策课程改革为例》，载《中华女子学院学报》2019 年第 4 期。

生通识选修课，已获教务处批准，正式开课后，在学生中间反响热烈，并开展了"四位一体"具体的通识教育课程模式改革。具体包括"理论教学""课程刊物""课程公众号""课程工作坊"等四个方面，力求将性别研究的独特视角，运用到理论讲授与实践训练中，形成以历史、现实与当代女性大学生需求相结合的课程体系，并将通识教育理论转化为实践教学成果，推进通识教育教学改革在具体课程方面的运用与创新。"四位一体"课程模式总结分析了各个可能性教学环节的优势特征，以课堂理论教学为前提、以纸质刊物和网络媒体为依托，创造性地将校园刊物、校园公众号平台、校园学术工作坊及系列实践教学活动相联系，建立起师生之间在课程内外的交流与合作，致力于本科生学术能力的培养与提升，更好地塑造当代大学生健全的人格。

二、基于"科研反哺教学"理念的课程内容

本人开设《近代中国女性、战争与革命》本科生通识选修课程，旨在通过理论教学与实践操作训练，使学生掌握中国近代妇女史的基本理论，通过案例研讨等方式，增进学生对"晚清女性与社会""民初女子参政运动""五四时期的妇女之声""民国时期的女明星与大众娱乐生活""性别、战争与国族主义"等五个专题领域的了解。在理论教学方面，本课程选取的教学素材，皆取自教师本人的学术研究专长，因此可以有效地将科研实践融入本科教学过程。重要的是，通过对于近代中国妇女史的理论学习，将之作为观察近代中国变革的一个重要窗口。这缘于女性既可作为历史研究的对象，也可成为切入历史场域的凭借。透过知识女性的生命历程，管窥近代中国社会的一个个侧面，一层层问题，可为理解和阐释时代转型与历史变革提供多维的视角与立体的空间。从性别研究的角度出发，解读近代中国政治、思想与社会的密码，将有助于我们拨开历史风云的重重迷雾，还原男性世界以外更为细腻立体的生活形态。

近代女子教育发端以来，传统社会"女子无才便是德"的观念逐渐出现了松动的表征，各种新式与现代的女性观念随之萌芽，催生了近代知识女性群体的诞生。在"众声喧哗"的时代里，本课程《近代中国女性、战

争与革命》精心选取近代中国十位具有典范与代表性的知识女性，分别是吕碧城（女教育家）、秋瑾（女革命家）、唐群英（女权运动领袖）、张竹君（女医师）、胡彬夏（女报人）、马振华（女教师）、王人美（女影星）、冯铿（女作家）、关露（女间谍）、王光珍（女导演），通过解读其生命侧面，探讨近代中国事件、文本与社会镜像中的性别文化转型诸议题，从而建构"娜拉的长歌"与知识女性的文化谱系。

第一，讲述"女编辑"吕碧城与晚清女性生存空间之开拓。吕碧城是近代中国妇女运动史上影响卓著的人物，既有"近代女词人第一"的美誉，又因任职于《大公报》成为中国第一位女编辑，同时还是第一所公立女学堂的创始人。尤为值得关注的是，她凭借在《大公报》担任编辑的成就，开启了女性从事报刊编辑职业的先河，使晚清社会一度呈现出"绛帏独拥人争羡，到处咸推吕碧城"的魅力景观。她以《大公报》为平台传播女性解放主张，为女性谋求自我解放与民族解放的合一，提供了崭新的路径。若分析吕碧城何以凭借《大公报》编辑的身份，进入公共视野并迅速崭露头角，实与京津文人圈中英敛之、傅增湘、方药雨、樊增祥、严复、袁世凯等人"众星捧月"般的推崇不无关联。换言之，吕碧城对于晚清公共空间人际网络的融入，是声名鹊起的重要因素，由此亦可窥见晚清女性解放的历程，不单是孤身奋战的自我运动，更是在"男女共进"中成就社会事功。

第二，探究"女革命家"秋瑾的"纷纭身后事"，尤其通过考察秋瑾迁葬管窥多重历史图景的民国元年。近代中国知识女性群体诞生于晚清时期，女性启蒙任务与民族国家解放进程互为表里。"女革命家"秋瑾就义后的"纷纭身后事"可管中窥豹辛亥革命时期的政治文化语境，1912年烈士纪念的热潮催生了各地秋瑾纪念活动，秋瑾灵榇从湖南至浙江的迁葬被赋予了"政治化"的色彩。为争夺秋瑾"革命女英雄"的符号，湖南与浙江围绕安葬地点展开了电报拉锯战，前者出于传统妇女礼俗与家属情感因素的需要，后者基于革命宣传和增进共和认同的需要，致使家族私人领域的安葬事宜被卷入到了社会瞩目的公众化范畴。在秋瑾灵柩迁移途中，各地女学生与女性团体跻身其中，以表达女性的声音及参政诉求。孙中山、黄兴拜谒秋瑾，则意在借助秋瑾生前身兼同盟会、光复会双重党籍的特殊身份，达到调和两党政见、整合党派力量之目的。次年，秋墓遭受降低规格的背后，隐藏着革命党人与袁世凯政府关系的逆转。

第三，讲解唐群英与民初的女子参政运动。在秋瑾纪念活动蓬勃开展之际，民初女子参政运动却步履蹒跚。"女权运动领袖"唐群英为争取女子政治权利奔走于国民党、旧立宪派与袁世凯等各方之间。然而，1913年2月16日，唐群英因《长沙日报》刊登的一则与郑师道结婚的虚假广告而砸毁报馆的暴力行为，不仅致使其"英雌"形象遭遇了"陷落"，还被社会斥以"女德有缺"，成为男性同盟者否定女子参政权的言说凭借。由于民初报刊"谐趣化"的风格转型，"唐、郑婚变案"在文学叙事中被演绎为一段"艳史"和"丑史"，唐群英被塑造为"多情""泼辣"等反面角色。透过历史与文学双重场域的对照，"英雌"被"妖魔化"的背后，隐喻着女性被视为革命中男性从属者的政治逻辑，男性精英在对待妇女解放问题上的功利化取向，男女两性认识"尽义务"与"享权利"关系的差异，以及"发乎情止乎礼"的性别规范。

第四，解读"女医师"张竹君的性别解放的"中间路径"。并非辛亥革命时期每一位知识女性皆投身沙场与参政浪潮，"女医师"张竹君颇显冷静。既不同于"女子参政"，也有别于"女子回家"，张竹君致力于以培育女子"自立之学"为核心的"中间路径"理论与实践，包括以"合群"为动力、以实业为基础、以医学为特长，作为取得经济独立、人格平等、政治权利的前提与保障。在武昌起义中，基于对女性生理局限难堪军旅重负的认识，张竹君虽组建"赤十字会"，但只限于伤兵救济而非决斗疆场，并谢绝参与民初政坛活动，以慈善事业为志。这种既逾越家庭的困守，又超然于政治的场域，且立足于女性社会价值的启蒙思想，彰显出张竹君对"女学"与"女权"何者为先的前瞻性理解，以及对于父权制的本质女性解放话语的警惕。借助"拟态环境"的传播学理论，检视百余年来张竹君人物形象的变迁，可知在革命与女权话语的影响下，后人对其"女革命家""女权运动者"的角色演绎，逐渐消解了"女医师"的历史本相。

第五，介绍"改良家庭论"的首倡者、《妇女杂志》主编胡彬夏。民初女子参政运动"昙花一现","贤母良妻"的复古声浪甚嚣尘上。为调和女权启蒙与民族国家话语的内在矛盾，担任《妇女杂志》主编的"女报人"胡彬夏汲取"留美经验"，提出一套"改良家庭"的论说，关键在于通过普及教育与大学教育，造就良善的"新贤母良妻"，重视女性在家庭中创造财富的社会转化，只是与男性"生利"的场域不同。在她看来，改良家庭乃改良社会的起点、振兴国族的基础，绝非传统"妾妇教育"的移植。这种基于女性外在生理特征与内在道德特质的理论认识，凸显了独特的性别认同，有助于男女两性在建设现代文明家庭与民族国家中的共赢。并且，"改良家庭论"与秋瑾的"革命论"、唐群英的"参政论"、张竹君的"从医论"，从不同层面切近了清末民初女性启蒙的多元话语谱系。同时，胡彬夏对于女性与家庭、母亲与儿童关系的阐释，为五四女作家"家"观念的文学叙事提供了一个溯源的通道，并为走出家庭的女性解决"家事"与"职业"的冲突提供了经验借鉴。

第六，通过自由恋爱悲剧的牺牲者马振华，探究五四时期妇女解放的程度与限度。沐浴五四新文化的春风，旧式贞操观遭遇批判，奏响了大学男女同校、社交公开、结婚自由、离婚自由的妇女之声。至于后五四时期女性社会生态如何，可从 1928 年 3 月 16 日的"女教师"马振华自杀案中窥见一二。马振华因男友汪世昌怀疑其非处女之身而投黄浦江自尽，引发时人"回看五四"的论争。各方认为"情死案"表面是"缺乏友谊基础的恋爱""畸形的男女社交""未能破除的贞操观""生理学知识建构的不足"所致，实际根源于传统社会性别制度的牢不可破，由此呼吁建设新性道德的堡垒，解放束缚女性伦理的"三面铁网"（父权、夫权、男权）。不同于家父与女性同胞的怜惜悲悯，男性精英还将"马汪故事"加工改写，赋予商品化符号，搬上戏剧舞台与电影银幕。性别、媒介与消费的纵横交织，展现出 20 世纪 20 年代大上海光怪陆离社会文化风貌的侧面。

第七，从银幕内外的歌舞、演艺与健美三个维度，解读"女影星"王人美。伴随着大众休闲与娱乐生活转型，20 世纪 20 年代到 30 年代上海催生了一批混迹于酒吧、舞场、咖啡馆的"摩登女郎"，同时涌现了以殷明珠、杨耐梅、王汉伦、阮玲玉、胡蝶等为代表的电影女明星，改变着现代都市民众的价值观念和品味取向。从黎锦晖"明月歌舞团"到走向影坛的"女影星"王人美，进驻联华影业公司，经由左翼电影家孙瑜、蔡楚生的包装培育，以"反摩登""反现代"的本色出演，成功被大众文艺制造出"野玫瑰""野猫"经典形象，凭借其优美的舞姿、嘹亮的歌喉、流利的普通话，在无声电影向有声电影过渡之际独领风骚，主演的《渔光曲》也成为中国第一部斩获国际大奖的影片。在银幕以外，王人美通过竞技、游泳、打猎等健美运动，区别于"摩登女郎"的病态美、人工美，引领了女性健美风尚对健康美、自然美的追求，满足了城市小资产阶级"反都市化"的乡野想象。随后战争风潮的来临，不可避免地冲击着她的歌舞、演艺与健美生涯，致其陷入职业危机与情感生活的顿挫。

第八，在苏维埃革命疾风骤雨的背景下探讨"左联五烈士"冯铿。"女作家"冯铿是"左联五烈士"中唯一的知识女性，出生于风气闭塞的广东潮汕地区，一度栖身在小资产阶级爱情诗与田园诗的创作园地，并见证了中共早期的农民运动，大革命失败后转向革命的熔炉，迈向现实主义文学道路，并于1930年作为"左联"代表出席全国苏维埃区域大会。其中《红的日记》是现代文学史上最早反映红军与苏维埃革命根据地斗争的小说。本讲拟探讨冯铿与左翼女性的从军想象，意在揭示以"忘记性别身体"的拟男化方式跻身革命，在女性政治权利缺失的年代将附带怎样的窘境与迷惘，舍弃恋爱梦、放弃生育责任、否认社会性别差异，又在革命队伍中隐藏着哪些性别身体的冲突，阶级解放、民族解放是否径直意味着性别解放的完成，此外冯铿的文学遗产如何反映出早期苏维埃革命的战斗经验，以及理想激情与流血现实之间的变奏。

第九，透过红色"女间谍"关露的传奇人生，分析性别、战争与国族主义的书写与变奏。近代中国不少知识女性将投身民族救亡视为建构女性主体性身份的重要路径，由此女性解放与民族国家解放呈现出同构性的关系。然而，囿于"女间谍"关露的特定身份与使命，她所从事中共地下党工作，一度被误认为"女汉奸"，这不免与同时期女性解放集体性叙事之间出现了错位的悖论形态。关露曾为风靡上海滩的左翼女诗人与呼吁民族革命的旗手，1939年冬至1945年间先后受命潜入汪伪特工总部，策反特务头目李士群，并以日本女权主义者佐藤俊子主编的《女声》杂志为掩护收集情报，巧妙动员沦陷区妇女应对战时危机，寻求女性主义与爱国主义的暗合关联。承受着精神重负的关露，在潜伏期间创作的"疾病"叙事文本中，隐喻了"女汉奸"的外界误解与"女英雄"的真实本色之间的冲突带来的精神分裂与肉体病痛。性别、战争与国族主义的变奏，使得关露聚合交汇了"娜拉"精神、政党话语、民族复兴与革命道路等多重元素，演绎了千回百转的女性解放画卷中的独特魅力。

第十，解读王光珍如何从"娜拉事件"中成长为新中国第一位"女导演"的历程。"娜拉"符号贯穿着女性解放的生命谱系，为知识女性离家出走，校园求学，婚恋自主等提供了思想动力。然而，走进社会后，传统相夫教子的角色与追求个体价值的矛盾迅速凸显，南京国民政府遂于新生活运动大力呼吁"妇女回家"，妇女解放的车轮颇显倒退之势。为此，1935 年 1 月 1 日中国左翼戏剧家联盟南京分盟剧团"磨风艺社"推出《娜拉》戏剧，重塑"五四娜拉"光环，但扮演女主角的小学教师王光珍却意外地遭遇了学校解聘、家父责罚、社会指摘，这缘于她出演《娜拉》的反叛性之举，违背了国民党当局对于女性伦理的规制。随后剧目的禁演与剧社的查封，促使"娜拉事件"持续升温，内中不仅折射出了 20 世纪 30 年代女性的集体性困境，同时隐含着国共两党为争夺国统区文艺话语权的竞逐，以及双方战时妇女解放政策的分歧。"娜拉事件"后，王光珍改名王苹，来到"左翼革命之家"，成长为新中国第一位"女导演"，完成了近代中国知识女性从"五四娜拉"向"民族女英雄"的蜕变，实现了性别解放与民族解放的合一。

本课程在理论讲授中选取的十位知识女性，她们跨越清末种族革命、辛亥鼎革与共和初建、五四运动、两次国内革命战争、抗日救亡、新中国社会主义建设初期等波澜壮阔的历史阶段。一方面，可以由此出发，细致而微地探究各时期不同身份与不同职业的知识女性的生存境遇与思想谱系，及其在女性解放与民族解放进程中遭遇的顿挫与困厄。另一方面，可以从长时段、多角度、动态的、立体式的视野下，考察在政治重建、社会变革、文化转型、思想激荡的特定形势下，知识女性如何接受教育、走出家庭、来到校园、融入社会、投身救亡、追求独立、争取平等、探索新生的征途，着力发掘"娜拉"故事与近代中国社会政治文化变动的密切关联，以及所呈现出妇女启蒙运动的延续性、曲折性和趋势性。

三、"薪火 CUPL"：理论教学、课程刊物、课程公众号、课程工作坊

（一）"四位一体"教学法的组成要素

至于如何通过课程的学习促进本科生科研创新能力的提升，实现师生之间在课程内外的有效互动，本人创造性地提出了"四位一体"的课程教学理念。除了教学理论知识的讲授，具体包括：编辑课程刊物《薪火》系列辑刊、运营中国政法大学校园新媒体"薪火 CUPL"微信公众号、举办"薪火 CUPL"本科生学术工作坊，从而引导学生进行项目式学习，拓宽学生学术视野，进一步提高学生论文写作水平，这可以为《中华文明通论》《历史上的中国与世界》《中国社会史》等通识必修课、通识主干课的深化学习奠定必要的理论基础。

第一，课堂理论教学。授课教师结合个人研究专长，将科研融入本科课堂教学，使学生透过女性人物个体生命与大时代变局，了解晚清女性与社会、民初女子参政运动、五四时期的妇女之声、民国时期的女影星与大众娱乐生活、性别、战争与国族主义等专题内容，在拓宽学生学术视野的同时，融入课程思政的教育理念，在潜移默化中培养学生的爱国情操、人文精神和社会责任感。

一方面，本人在课程教学中指导选课学生阅读一些原始文献，以历史学为基本路径，兼采文学、新闻传播学、政治学、社会学等理论，通过个案比较研究法，选择跨越晚清民国、职业身份各异的十位知识女性，比较不同时期"娜拉精神"内涵的演变，对比她们面临的瓶颈与焦虑，以及为突破女性解放困顿而贡献的方案、经验与智慧。

另一方面，透过近代中国十位知识女性生命故事的侧面，通过对人物个案进行"麻雀式解剖"，建构"娜拉"长歌的思想文化谱系，并将之作为窥探变动时代思想履记的一个维度，理解性别与媒介、性别与战争、女权主义与革命道路、女性启蒙与民族国家话语之间的相互交织，揭示历史

事件与文学文本背后折射出的社会镜像，包括不同时空下"娜拉"故事与政治重建、思想转型、社会变革之间的内在关联，从而呈现出微观、中观与宏观，点、线、面有机联动的立体式图景，推动政治史与社会文化史相结合，完善跨学科视野下近代妇女史的研究路径。

第二，优秀课程作品收录，编辑纸质版系列丛刊《薪火》杂志。课堂教学任务结束后，由授课教师筛选、收录学生课程作业，形成优秀课程作业成果展示集结，供学生交流、传阅，这既促进了师生之间的学术交流，也是对同学们的认可与鼓励，有利于培养学生良好的作业习惯。这一方面可以有效激励和引领学生更高质量地完成课程作业，另一方面也能使学生认识到自己在写作中存在的问题，并将相关的经验适用到其他专业或通识课程的论文写作中。《薪火》杂志自 2019 年 12 月创刊以来，已经出版两辑，共收录学生优秀课程作业 30 篇，其中按照"理论篇""人物篇""读书篇""编后记"等专题设置栏目，目前收录篇幅已达 25 万字以上。由此，促进选课学生更好地完成课程作业，激发学术研究和写作的热情，同时也是对于他们选修课程的一种独特的纪念。

第三，"薪火 CUPL"微信公众号平台建设。"薪火 CUPL"将课堂教学与现代信息技术相融合，以宣传推广同学们的优秀课程论文为主要内容，有利于激励学生更高质量地完成课程作业，实现教学改革方面的创新。现拟推出三个版面：一是"教研成果篇"，包括教师课程建设、课堂主题讨论、组织工作坊等；二是"读者来稿篇"，包括学生课程习作、读书札记、文史春秋等；三是"学界前沿篇"，包括学者视点、论著推荐、近期讲座、学术信息等。"薪火 CUPL"自 2019 年 12 月 11 日创号以来，已由校党委宣传部登记备案，申请注册为"中国政法大学校园新媒体建设平台"，目前本校学生关注用户超过 800 人，并组建了"薪火 CUPL"微信公众号编辑小组，由来自本校国际法学院、民商经济法学院、刑事司法学院的共 7 名本科生组成[1]，现已陆续精心制作 60 余篇优质推送，这对于

---

[1] "薪火 CUPL"微信公众号编辑微信小组成员有：国际法学院 2018 级越纪坤，民商经济法学院 2017 级魏博楠，国际法学院 2018 级梁玉媚，刑事司法学院 2018 级彭雨宸，国际法学院 2018 级黄莹莹，民商经济法学院 2019 级胡博翔，刑事司法学院 2020 级罗小媛。

课堂教学的拓展与延伸起到了重要的推动作用。

第四，举办"薪火"本科生学术工作坊。就工作坊性质而言，"薪火"本科生学术工作坊由授课教师牵头，与选课学生共同组成，是探究学科教学规律和学生学习规律，改进高校教育教学方法，提高教育教学效率的师生合作共同体。

举办本科生学术工作坊是《近代中国女性、战争与革命》通识选修课第一次主办的新活动，也许这种形式的活动在中国政法大学校园并不多见，但可谓一次"大胆"的创新与尝试，作为课堂外教学的一个重要环节。所谓工作坊，既可以理解为类似林徽因的"太太客厅"，活动主持人就是沙龙的主人，每一位参与者都是沙龙的客人，也可作为学人的"学术共同体"，师生之间围绕一个共同感兴趣的话题进行平等的对话、交流与碰撞。就工作坊人员组成情况看，授课教师作为坊主，选修《近代中国女性、战争与革命》课程的本科生担任坊员。就工作坊举办周期而言，拟于每学期举办一至两次。至于工作坊举办的形式，采用"报告人+与谈人+评议人"的研讨模式。研讨的主题包括两类：一是优秀的课程论文，二是围绕某一专题性学术问题的主题发言。研讨环节包括报告、评议、自由讨论等三个阶段。此外，选拔一些年级较高的本科生或研究生担任评议人，授课教师担任主持人和总结点评人。每次工作坊评议的主题报告、评议意见、自由发言和总结点评，经会后整理并在"薪火 CUPL"微信公众号平台推出，供同学们进一步学习交流使用，由此作为工作坊的阶段性成果。此外，经评议及修改后的优秀课程论文，在合适时机的情况下将推荐至相关专业性学术期刊、网络平台发表。例如，国际法学院 2019 级本科生冯溪《安知非命，如是我闻——漫谈柳如是》一文已被推荐于东南大学图书馆主办的《书乐园》杂志公开刊发，并领取稿酬。

（二）实践教学："薪火"本科生学术工作坊

目前以本课程为依托，拓展课堂外实践教学，教师已组织选课学生开展过五次"薪火"本科生学术工作坊，尤其在新冠疫情期间，利用学习通等网络教学平台，实现了线上线下混合教学，反响较为热烈。工作坊研讨记录除了在"薪火 CUPL"微信公众号推送外，还留痕于学习通讨论栏目，以备师生存档查看与纪念。

其中，在工作坊第一期"历史与跨媒介视域下的花木兰"这一主题研讨中，有同学指出，"就木兰这个形象，历史上到底存在不存在虽没有定论，但不同历史时期赋予其不同的意象，都免不了这个时代文人墨客的心境与印记"；有同学结合 1939 年上映的，并由卜万苍导演、陈云裳主演的电影《木兰从军》，谈及观影感想称，"由欧阳予倩执笔的《木兰从军》将花木兰的历史故事作了巧妙的改编，在面对抗日战争越趋严峻的形势下，巾帼英雄的形象把中华民族的爱国主义体现得淋漓尽致，电影中木兰的坚毅勇敢、精忠为国的气魄恰是时下民众最渴望也最需要的"。

在工作坊第二期"民国时期的女性健美"这一主题研讨中，有同学在课余查阅研究论文后认为，"近代以来男性理想中的女性身体，并不是传统社会的'病态美''人工美'，取而代之的是'自然美''健康美'，这成为女性身体解放的新趋势……民国时期提倡女性健康美对加快女性的解放具有一定的积极意义，挑战了持续数个世纪之久的缠足、裹胸等以扭曲女性身体为代价的旧时代审美的标准，让部分女性有机会摆脱父权社会加诸其身体上的层层物理束缚"；还有同学检索学校图书馆购买的"民国时期期刊全文数据库"，下载浏览部分原始文献，进行更为深入的思考，"女性'健康美'背后仍然存在着以'强国强种'为核心的国族主义观点，并建立在'男性更青睐健美配偶'这样的健美雌竞优势论的基础上……对女性健美的宣传也很多注重于拯救国民这一时代重任的实现，女性健美体现出一定的工具性，甚至是'冲击—反应'式的被动性"。

在工作坊第三期"如何认识民国时期的'摩登女郎'"这一主题研讨中，不少同学巧妙地将社会大众对健美女性与摩登女性的不同评价加以联系，认识到"健美女性"与"摩登女郎"构成民国时期女性审美风尚的两种文化取向，并指出"旗袍、烫发、高跟鞋是摩登女性的三大标志，为上海'十里洋场'不少女性跟风追逐……近代中国社会大众对健美女性整体持欣赏、鼓励的态度，而对摩登女性则几乎是全盘的批判、打压，相较于健美女性，摩登女郎触及了传统两性关系、家庭结构、国民责任等多方面的固有秩序，甚至在婚后获益的女性站出来维护自己的婚姻与利益，形成女性内卷"。

在线上读书会暨工作坊第四期"读夏晓虹（北京大学中文系教授）《秋瑾之死与晚清的'秋瑾文学'》"，以及工作坊第五期"我最喜爱的女性人物"这一主题中，参与讨论的同学们更是畅所欲言，围绕秋瑾、唐群英、林徽因等近代杰出女性人物阐发了各自的看法与意见，并展开激烈的交锋与辩论。教师在点评环节发表总结演说：如果说近代中国历史的图谱可以比作浩瀚的星空，那么不妨认为，这些知识女性可谓星棋罗布地分散在各个角落，闪着微光，照亮夜空，迎来曙天。她们与男性同盟者一同为寻求民族独立和国家复兴呐喊奔走，或是走在女性解放道路的前列，或是在星空长河中"随波逐流"，又或是演绎着看似颇有些"格格不入"的独特命运，她们追求独立、拥抱自由、呼吁平等，作为"书写历史"的主体与"被历史书写"的客体，在时代舞台上走过足迹，在历史天空中留下回声。"娜拉"既然是近代女性专属的代名词，女性的历史又何尝不是一曲"娜拉的长歌"。

（三）"四位一体"教学法的理论意义

在信息化的时代，对于大学教育来说，单纯的知识获取已不再是一个问题，而最为重要的则是创新能力的培养和健全人格的养成。传统的教学模式和教学理念有相当大的惯性，往往是将更多的比重放到了专业课程之上，忽视了学生在通识教育课程方面学术能力的提升，以及通识课与专业课之间的相互支持和共同作用。本人所提出的"四位一体"的通识课程改革模式以学生发展为中心，以学生学习为导向，体现课堂的人文性、综合性、开放性和实践性；通过课程公众号平台和工作坊的建设，实现教师和学生的双向互动，给予学生自主发展的空间。该课题的推进，也必将促进大学教育教学的改革。

第一，"四位一体"的创新通识教育理念契合中国政法大学建设一流本科教育教学改革的目标。《近代中国女性、战争与革命》通识选修课程的开设旨在通过前期结合中外教学经验的理论构建和后期具体的教学实践活动，总结经验、完善构想、升华理论。"四位一体"教学法的创新与教育部《关于加快建设高水平本科教育全面提高人才培养能力的意见》与我校《中国政法大学建设一流本科教育行动方案》的文件要求具有内在一致性，即要强化"通专并举"的培养理念，强化学生的学术能力，于通识教育中培养全面型人才，深入推进课程思政建设，符合学校以能力类型为导向构建通识教育模块的要求。

第二，"四位一体"的通识教育课程模式有助于本科生学术能力的提升。课堂理论教学的结束不应是整个课程的结束，本课程旨在构建一个以学生为主体的、系统的、课堂内外各部分之间相互配合、相互促进的课程模式，更大程度地利用教学资源，并创新教学成果。"四位一体"的课程教学理念的核心在于实现"科研反哺教学"，注重本科生在课程论文写作中与教师的双向互动，重视课程刊物、课程公众号平台和学术工作坊在学生课程论文的宣传和完善，以及学生学术视野的拓展与学术素养的养成方面的重要作用。

第三，"四位一体"教学法在本人开设课程中的运用，从学生自身的实际需求出发，充分贯彻了"以学生为本"的教学理念。当下高校以课程论文作为结课形式的通识选修课程不在少数，课程作业的质量高低是学生学习效果较为直观的体现。对于学生来说，如果能得到除了分数之外的关于文章内容的反馈，将更加有利于学生了解自己在学习过程中的缺陷，及时改进学习中的不足之处，提高自身的学术素养。重要的是，本人在执教过程中注意到，在日常的学习生活中，学生少有机会能够以公开的方式了解到同一课程的其他同学论文写作的水平，进而也使得学生之间在课程方面学习、交流的空间难以得到进一步的延展。由此可见，给予学生的课程论文进一步的指导与反馈就显得很有必要，通过评议、修改、宣传推广等方式，使得课程论文的提交并不等同于课程学习的结束，有利于学生在该门通识教育课程的学习过程中收获更多学术能力方面的提高与进步。

第四，《近代中国女性、战争与革命》通识选修课具有鲜明的人文关怀和现实导向。因此，本人还会根据选课学生的需求，进行其他实践教学内容的拓展。例如，由授课教师带领学生，或由学生自发组织参观中国妇女儿童博物馆等文化机构，将亲身体验与课堂理论教学形成补充，或走访中华全国妇女联合会、北京市妇女联合会等妇女保护协会组织，进行实地调研了解当下妇女保护存在的问题。

第五，"四位一体"教学法引入到本科教学之中，有助于实现通识教育与专业教育的相互促进。《薪火》课程刊物、课程公众号及工作坊的系列活动，为学生提供课程作业修改与作业展示的平台，有利于填补学生缺乏进行论文评议、提升论文写作能力平台的不足，既能起到良好的激励和引导作用，也能满足学生提高学术能力的实际需求。通识教育和专业教育既是有很大区别的，也是相互促进、相互发展的。"四位一体"教学法不仅注重学生在通识教育课程方面学术能力的培养，也使得这种具有普适性的以课程论文写作为目标的学术能力，在专业学习中发挥重要作用，促进了学科知识之间的交叉融合。由此可知，通识教育课程的立足点为学生而非教师，它着眼于学生的文化自觉，立足于学生的人格养成与长远发展，注重学生的人文关怀和科学精神的培养，对促进学生身心和人格健全的发展具有重要意义。

第六，"四位一体"教学法的理论内涵在于实现通识教育与课程思政指导思想的融通。2019年3月18日，习近平总书记在学校思想政治理论课教师座谈会上的讲话中指出，青少年阶段是人生的"拔节孕穗期"，要引导学生扣好人生第一粒扣子，要用新时代中国特色社会主义思想铸魂育人，促使青年学生将爱国情、强国志、报国行自觉融入实现中华民族伟大复兴的奋斗之中。这要求包括全体高校专任教师做到政治要强、情怀要深、思维要新、视野要广、自律要严、人格要正六个要素之间的统一，要有堂堂正正的人格，用高尚的人格感染学生、赢得学生，用真理的力量感召学生，以深厚的理论功底赢得学生，自觉做为学为人的表率，做让学生喜爱的人。[1]

从这个角度而言，推进"课程思政"建设，一方面需要加强课程创新建设，实现立足课堂与立足实践两方面的形式创新，努力将抽象枯燥的学术知识内化于学生喜闻乐见的教学活动。从学生立场出发，充分利用丰富

---

[1] 参见《用新时代中国特色社会主义思想铸魂育人》，载《习近平谈治国理政》（第三卷），外文出版社2020年版，第329~331页。

鲜活的教学资源和学生身边的生动案例，做到思想性和亲和力的统一。例如，本人召集的"从'发现女性'到'成为英雄'——迪士尼电影《花木兰》本科生工作坊"，于2020年10月31日在智慧教室成功举办，即以2020年度热映电影迪士尼版《花木兰》为讨论对象。其中，刑事司法学院2018级彭雨宸同学做了《女性自我觉察的不同表达：动画版和真人版〈花木兰〉对比》主旨报告，人文学院2018级张越同学的报告专题则是《木兰故事的再叙述——从〈木兰辞〉说起》，伴随着品尝茶歇轻松愉悦的氛围，各位报告人、与谈人、评议人进行了充分的交流，一位亲临活动的学生事后将之称誉为"神仙读书会""法大的客厅"。通过本次工作坊活动，促使学生结合相关影视、文学作品，在鉴赏影片的过程中感悟木兰"尽忠、持勇、存真"的优秀品质，为大学生的思想道德建设奠定精神底色。

另一方面，教师结合不同专业、学科知识点进行理论教学设计，以面向全校本科生全部专业开放选修的《近代中国女性、战争与革命》通识课程为例，可以探索实施女性学、历史学、文学等跨学科的"定制课程思政选修课"。在线上线下混合教学法的前提下，实现实体课程、网络课堂与"行走课堂"三者的相互促进与融合，从而将该门通识选修课打造成富有特色、思想、灵魂与魅力的"金课"，引导学生开展近代中国历史上杰出女性事迹的学习活动，书写中华民族女性英雄的新史诗。

2020年10月1日，习近平总书记在联合国大会纪念北京世界妇女大会25周年高级别会议上提出四点主张：帮助妇女摆脱疫情影响，让性别平等落到实处，推动妇女走在时代前列，加强全球妇女事业的合作。[1]《近代中国女性、战争与革命》通识选修课的"四位一体"教学模式的设计与教学实践的开展，紧密围绕习近平总书记有关妇女问题的重要论述，既是展现讲好中国故事，阐释中国精神、中国价值、中国力量的内在要求，也是发扬优秀传统文化，坚定道路自信、理论自信、制度自信、文化自信的应有之义，并捕捉描绘近代中国女性史的精神图谱，为时代正名、为英雄

---

〔1〕 参见《为何联合国要纪念25年前在北京召开的这场大会》，载"学习强国"平台，2020年10月2日。

画像。在此基础上，实现本科生教学目标中以思政必修课为主，以"课程思政"选修课为辅，二者互补与支撑的课程资源供给体系。

附录："薪火 CUPL"教学成果展示（2019 年 12 月—2020 年 10 月）

（一）《薪火》2019 年冬季号第一辑（纸刊与公众号同步推送）

题　目	作　者	学　院	年　级
民族主义与女性主义的冲突分析发展路径探究	魏博楠	民商经济法学院	2017 级
不屈之绝命呼声 ——20 世纪初期女权思潮及女权运动	古丽尼格尔·玉山	民商经济法学院	2019 级
欲洁何曾洁 ——以川岛芳子为例分析清末民初的社会性别秩序	古洋洋	民商经济法学院	2017 级
可惜人生不如戏 ——阮玲玉戏路转变与人生轨迹对比	罗听雨	商学院	2018 级
以财产继承权为视角探讨妇女地位之变动 ——以盛爱颐诉胞兄和侄儿案为例	胡丹红	政治与公共管理学院	2017 级
婚姻家庭中女性主体独立身份地位形成之我见 ——以林徽因关于女性身份的焦虑为切入点	越纪坤	国际法学院	2018 级
近代文化碰撞融合下的女性 ——以晚清至 20 世纪上半期知识女性的人生总况为对象	罗小媛	民商经济法学院	2019 级
张幼仪：新观念与旧道德的和解	曹蓓蕾	人文学院	2016 级
"妃子革命"：得偿所愿的自由	曾铄钧	民商经济法学院	2017 级
全新视角重探晚清社会图景 ——读《晚清女性与近代中国》	佟雨轩	政治与公共管理学院	2018 级
一探晚清女子图鉴背后的故事 ——读《晚清女性与近代中国》	张　鑫	国际法学院	2017 级

续表

题　目	作　者	学　院	年　级
女性书写与走出房间 ——读《20世纪中国小说史中的性别建构》	李成桁	人文学院	2017级
晚清民国时期婢女悲惨命运的根源 ——读《民国北京婢女问题研究》	张　钦	国际法学院	2017级
选择与被选择，读书告诉你答案 ——读《我的一个世纪》	赵瑞瑞	人文学院	2017级

（二）《薪火》2020年夏季号第二辑（纸刊与公众号同步推送）

题　目	作　者	学　院	年　级
抗战后期国民政府对美政策初探 ——以宋美龄1943年在美国国会演讲为基础	胡博翔	民商经济法学院	2019级
中国近代女性职业的发展状况 ——以《妇女杂志》（1915—1931）为视角	何茜蕊	商学院	2018级
不同视角探析近代中国女性的意识觉醒 ——以民国歌女文化为例	谢静宜	政治与公共管理学院	2018级
性别、媒介与法律 ——公众同情视域下的刘逯情杀案	越纪坤	国际法学院	2018级
"贤妻良母"含义变迁与近代女性解放	张　颖	民商经济法学院	2017级
清末民初女性意识的突破与回归 ——以生理/社会性别二分系统为视角	王子奇	民商经济法学院	2017级
怅望千秋一洒泪，萧条异代不同时 ——浅析张爱玲的生平经历对其作品的影响	刘佳源	国际法学院	2017级
唐群英和秋瑾女权思想具体内容之比较	桑晚儿	民商经济法学院	2017级
女权发展与男权主导下国族话语的兼容与矛盾 ——以吕碧城之"合群"思想为切入点	李咏琪	外国语学院	2018级

续表

题　目	作　者	学　院	年　级
近代中国女权启蒙中的民族主义陷阱 ——读《女权、启蒙与民族国家话语》	翟　岸	国际法学院	2017 级
首先我是一个人 ——读《"娜拉"言说：中国现代女作家心路纪程》	陈依缘	国际法学院	2017 级
窥进历史的缝隙 ——读《晚清女性与近代中国》	王梓瑜	民商经济法学院	2019 级
溺女、缠足与近代中国社会的恶俗 ——读《女性与近代中国社会》	阿尔达克	民商经济法学院	2018 级

（三）课程讨论特刊及"薪火"本科生学术工作坊

课程讨论主题	推送日期
历史与跨媒介视域下的花木兰	2020. 3. 7
线上读书会：读夏晓虹《秋瑾之死与晚清的"秋瑾文学"》	2020. 3. 14
民国时期的女性健美	2020. 9. 8
如何认识民国时期的"摩登女郎"	2020. 9. 15
你心中喜爱的女性人物（一）：林徽因、秋瑾篇	2020. 9. 21
你心中喜爱的女性人物（二）：秋瑾、唐群英篇	2020. 9. 29
如何评价民国初年的女子参政运动	2020. 10. 13
如何认识近代中国"改良家庭论"的女性思潮	2020. 10. 20
从"发现女性"到"成为英雄"——迪士尼电影《花木兰》（2020）	2020. 10. 26

基于问题的学习在《实用人事测量与选拔》课程中的应用研究

高　钦　宛雪灵　苟　彬 *

一、研究背景

（一）《实用人事测量与选拔》课程分析

《实用人事测量与选拔》是中国政法大学社会学院心理学系人事心理学方向的专业选修课程。正如该课程名称所强调的，本课程的特色在于应用性极强。该课程的教学目标是，在学生已经掌握了心理测量的各种基本概念、理论和方法的基础上，帮助其认识心理测量的重要应用领域——人事测量和选拔，了解如何应用心理测量这把"量尺"测量人与工作相关的各种能力和人格特征，并直接服务于人事选拔、安置、发展、培训等全过程，包括如何为不同的岗位确定其对在岗人员能力和人格特征的要求（工作分析与胜任特征分析），开发高效度的测验工具以测量这些关键特征（工具开发），组织应聘者参与测验并分析数据（实施选拔），分析应聘者选拔测验表现与实际工作绩效之间的关联（收集效度证据），并基于效度结果对测验工具进行修订和调整（工

*　高钦，中国政法大学社会学院心理学系副教授。宛雪灵，中国政法大学社会学院心理学系硕士研究生。苟彬，中国政法大学社会学院心理学系硕士研究生。

具修订）等一系列过程，力求为所有企业都关心的为每一个岗位找到最适合的人（人职匹配）这一核心问题找到科学、有效的解决方案。

正如沃尔玛创始人山姆·沃尔顿所说，人是任何一个组织能够获得成功的关键所在。因为技术可以购买和复制，它在游戏场上是公平的，而人的思想、人格、动机以及组织文化价值是不能被复制的。因此，人是一个组织最核心的资源。被誉为"人力资本"或"智力资本"的一个组织的人力资源以及如何管理这一资源，体现了今天以及明天的组织的竞争优势。在这样的背景下，目前中国企业普遍对人力资源管理空前重视，各企业对具备人事测量与选拔背景的学生有极大的需求，亟须能够灵活应用各种人事测量与选拔的技术来对应聘者和员工的工作相关特征加以评估，选拔出最能胜任岗位要求、与组织文化和价值观最为匹配的人才，最终提升组织效能。

本人前期对心理系毕业生就业情况的调查也印证了这一需求。通过对有毕业求职经验的学生的访谈发现，目前，人力资源相关的工作是心理专业毕业生（尤其是本科毕业生）本来就为数不多的就业选择中最有前景、需求量最大的一个。很多企业明确表示亟须能够灵活应用各种人事测评技术的人才。然而，由于以往的《实用人事测量与选拔》惯用跟其他课程一样的以课堂讲授为主的被动接受式学习模式，学生们缺乏积极主动的卷入和实践，无法将所学内容"落地"。课程结束后只能做到对常用人事测量和选拔方法的表浅的了解，实践应用能力还较为低下，因此在求职过程中不能占据优势地位。如何通过课程设计，提升学生的主动参与水平，为学生创造参与实践环节、解决实际问题的机会，是《实用人事测量与选拔》课程亟待解决的核心问题。

（二）基于问题的学习理论

20 世纪初期，针对传统教学先学后用、学用分离的现象，杜威提出了"做中学"经验性学习理论。杜威的这一实用主义主张在教学方式的变革上引起了极大的反响。基于问题的学习（Problem-Based Learning，PBL）就是在杜威的启发之下产生的一种极具代表性的新教学模式。PBL 主张把学生置于混乱的、结构不良的情境中，并让学生成为该情境的主人，让他们自己去分析问题、学习解决该问题所需的知识，并最终一步一步地解决问题。老师则把实际生活中的问题作为教学材料，采用提问的方式，不断地激发学生去思考、探索，最终解决问题。

PBL 最初产生于 20 世纪 50 年代的加拿大安大略湖（Ontario）麦克马斯特（McMaster）大学。该学校临床医学专业的老师们逐渐注意到了学生在课堂和考试中的优异表现与他们临床上笨拙的实际操作之间的强烈对比：学习成绩好、考分高并不等于临床实际操作能力强[1]。于是，这些医学教育工作者们开始反思：传统先学后用的教育方式能够有效地培养出能游刃有余的处理各种实际问题的医生吗？其中，内科医生同时也是麦克马斯特大学的医学教育工作者的巴罗斯（H. S. Barrow）受杜威实用主义的启发，认为杜威的思想也适用于医学教育。于是，他便致力于究出一种新的培养内科医生的教学方法，旨在培养"技术精湛，心胸仁厚，对前来求医的人们的健康问题能够妥善处理的医生。为此，这样的医生……必须既拥有知识，也同时具备应用知识的能力"。[2]这种教学方法便是 PBL。

巴罗斯将每 5 个学生分成一个小组，每组配一名促进者（Facilitator，由老师或者助教担任），相互熟悉后，促进者以病人就医的形式给小组呈现具有一系列症状的"病人"，而组员的任务就是对该"病人"做出诊断并提出治疗措施。具体来说，该过程分为以下几个阶段：①研究和讨论：即小组成员提出假设，并找出案例中相关的信息，确定学习要点（Learning Issues，即一些对于顺利解决问题而言非常必需，但学生却尚未了解的概念知识等）；②自主学习：所有组员各自从医学图书馆和计算机资源库中收集信息，也可以向顾问探询信息；③重新集合：组员报告各自找到的资源，并相互评价资源的有用性，着手处理问题（这时可能会产生新的学习要点）；④对整个过程进行评定：包括自我评价和同伴评价，评价内容包括自我引导的学习、问题解决、小组合作技能等各个方面。巴罗斯发现，

〔1〕 M. A. Albanese , S. Mitchell, "Problem-Based Learning: A Review of Literature on Its Outcomes and Implementation Issues", *Academic Medicine*, 1993, 68（1）: 52-81.

〔2〕 H. S. Barrows, *How to Design a Problem-Based Curriculum for Preclinical Years*, NY: Springer, 1985.

新的学习方法带来了一系列积极的变化：提高了学生拓展、改进和更新知识的能力；提高了学生面对新的疾病查根追源、见微知著的能力；更重要的是，学生成了一种"自主的学习者"，他们心怀求知求学的渴望，深知自己的学习需要，并善于选择和利用现有资源来满足这一需要。于是，巴罗斯和合作者把这种新的教学方法定义为"起自于努力理解和解决一个问题的学习"[1]，也就是 PBL。此后，PBL 在"医学界引起了一场小小的革命"，并得到了迅速的发展，老师们发现，与传统教学相比，接受过 PBL 的学生知识面要广得多，实际操作能力也要强很多，特别是自主学习能力的增强，对他们的终身学习很有帮助[2]。如今，不只是医学教育，PBL 还被广泛用于商业、建筑、工程、法律、社会工作等各大教育领域，甚至还越来越受到中小学教育的重视。

希莫洛（Hmelo）对 PBL 的完整定义是：将学习设置到复杂、有意义的问题情境中，通过让学习者合作解决真实性（Authentic）问题来学习隐含于问题背后的科学知识，形成解决问题的技能和自主学习（Self-directed Learning）能力的一种学习模式[3]。PBL 旨在通过引导学生解决复杂的、实际的（Real-world）问题，使学习者建构起宽厚而灵活的知识基础，发展有效的问题解决技能，发展自主学习和终身学习的技能，成为有效的合作者，并培养学习的内部动机。当然，不同的学者对 PBL 的定义有所不同，但无论在哪种定义下，PBL 通常都具有如下三大要素：①问题：结构不良的（Ill-structured）、真实的（Authentic）、具有足够的复杂性的"好"问题具有关键意义。因为在问题的结构化程度最低（问题不确定、行动计划未知、结论未知）时，对学生思维水平的锻炼是最高的。而问题的真实性和复杂性则指问题要尽可能地与实际生活中的问题形式贴近，因需要而产生，从而使知识获得意义，激发学生内在的自主学习动机。②学生：

---

〔1〕 H. S. Barrows, R. Tamblyn, *Problem Based Learning: An Approach to Medical Education*, NY: Springer, 1980.

〔2〕 D. N. Aspy, C. B. Aspy&P. M. Quinby, "What Doctors Can Teach Teachers About Problem-Based Learning", 50（7）*Educational Leadership*, 1993, 22-24.

〔3〕 C. E. Hmelo, "Problem-Based Learning: Effects on The Early Acquisition of Cognitive Skillin Medicine", 7*J. Learn. Sci.* 1998, 173-208.

PBL 以学生为中心，学生是积极主动的学习者、是自己学习的责任者。PBL 还鼓励学生之间的相互合作，合力解决单个学生无法解决的问题，有利于培养学生的社会技能和团队合作能力。③老师：老师从传统的"指导者"变为了"教练"。承担问题情境呈现者、示范者、指导者、学生问题解决的同伴，以及学习效果的评估者等支持性的角色。

(三) 相关问题的学习在《实用人事测量与选拔》课程中的应用

不难发现，PBL 的学习方式与《实用人事测量与选拔》的课程特点十分契合：两者都强调综合提升学生解决实际问题的能力。因此，本研究预期，PBL 教学模式在《实用人事测量与选拔》课程中的合理应用，包括根据 PBL 模式对教学计划和教学活动的重新设计、编排和实施，逐步引导学生适应新的教学方式等，将能有效地冲破讲授式课堂带来的各种局限，激发学生的学习动机，提高学生的主动参与程度，促使学生对学习内容的深度掌握和灵活应用，培养学生在实践中解决人事测评与选拔相关问题的能力，提升其在求职就业过程中的信心与竞争力。

因此，本研究试图在授课过程中引入与企业的合作，以企业中面临的真实的、具体的人事选拔问题作为引导，激活学生的学习动机和主动性，让学生可以学习之后马上实践、在实践当中继续深度学习，并且还能在实践过程中直接得到来自企业的反馈和评价，这无疑会极大地深化学生对课程内容的认识，有助于学生意义感、成就感和效能感的提升。在这样的基本思想指导下，应用 PBL 教学模式的《实用人事测量与选拔》课程将具有以下特色：①应用性、实践性凸显；②学生积极主动性提升，注重学生的内部动机的激发；③做中学，学中做，学与做交互进行，相互促进；④教学效果反馈客观、直接。

二、研究方法与过程

第一步，与企业沟通，确定合作关系。在 PBL 中，对问题的设计是教学设计的核心环节。一个好的问题是 PBL 成功的重要基石。既然一个足够真实、具体、有意义的问题才是一个好问题，那么尝试直接与企业之间建立沟通、收集企业面临的真问题可能是一个最佳的问题来源。为此，本课程试图通过与企业建立合作关系，使真实的企业成为问题的提供者。作为回报，学生们会通过在老师的指导下一步一步地解决问题，并最终为企业建构一套针对特定问题岗位的胜任特征模型和人事测量与选拔工具，合作互惠。具体的，课上会将学生分为多个小组，每个小组与不同的企业结对子，各个小组解决对应企业的选拔问题。

第二步，对《实用人事测量与选拔》进行重新备课。根据伊利诺伊数学与科学院 PBL 学习中心的九步骤模型，PBL 的教学过程一般包括以下过程：①问题呈现；②确定已知和未知；③界定问题陈述；④信息收集；⑤信息分享；⑥提出可能的解决方案；⑦选出最佳方案；⑧解决方案展示；⑨反思问题解决过程。其中，前三步、中间三步和最后三步分别为理解问题阶段、探索课程内容阶段和解决问题阶段。为了帮助学生们更好地了解和适应 PBL 的教学过程，备课中特地在学期初设置了一个 PBL 案例示范，旨在在老师的支架作用下，走完一遍 PBL 的学习过程：①某企业委托，希望在派遣到埃塞俄比亚的人力资源联络官的选拔过程中筛查掉"心胸狭隘"的人；②通过与企业的沟通，寻找"心胸狭隘"的行为指标及其对该岗位的意义；③用心理学的构念澄清对"心胸狭隘"的界定；④收集关于不同测评方式的信息；⑤交流和讨论收集到的测评方式的优劣；⑥提出可能的测评方法及编制工具；⑦评估最适合的测评方法及工具；⑧组间交流测评方案；⑨反思和评价问题解决过程。

第三步，授课过程。跟传统的讲授式课堂相比，以问题为导向的学习对老师和学生双方都提出了全新的要求。其中，老师由掌控课堂、指挥学习的专家和领导者转换为引导学习、提供支持的教练和顾问；学生由被动的、惰性的接受者和跟随者转换为积极主动的问题解决者。这样的角色转换对师生双方而言都需要一个适应的过程，学生解决问题的自发动机和随之产生的成就感，老师对学生的积极引领都会有助于课堂角色的过渡和新的课堂氛围的形成。在这当中，老师能否运用促进性的教学技能对教学效果具有决定性意义。PBL 中老师的指导更多的是在元认知水平上展开的，比如，老师应当适时向组员提出诸如"这时我们应该问什么问题?""你还需要弄清什么?""怎样才能弄清这个问题?"等问题。此外，老师还需要在问题解决过程中向学生示范批判性思维、团队沟通与合作等认知和社会技能。

第四步，从合作企业收集选拔效果数据。追踪企业的选拔情况，收集后续的效度证据数据，并反馈给学生作为学习效果评估指标。由于每个小组解决一个企业的一个问题，那么企业的问题得到解决的程度即可作为教学效果的自然评估标准。比如，在学生将解决方案提供给企业并协助其实施完成人事选拔之后，可以进一步追踪企业的选拔效果，访谈企业相关工作负责人员，询问其对于选拔方法有效性的评价，与老师对该小组的选拔方案的评价一起，作为各个小组选拔方案有效性的评价指标。

第五步，收集学生的课堂感受。除了企业的反馈之外，学生在教学过程中的体验和感受自然也是评估教学效果的重要数据来源。因此，学生在教学评价系统中对本课程的客观评分和主观评价也将是评估教学效果的重要依据。

第六步，基于教学效果对教学方案加以改善。综合效度数据和学生课堂感受调查评估教学效果，形成对应的调整和改进方案。

三、研究结果

(一) 学生产品

在本研究实施的一学年中，共计为 8 个不同单位的不同岗位进行了工作分析和胜任特征模型的建构，共得到 8 份工作说明书和胜任特征模型。比如，以下表 1 是某小组同学通过对中国驻美大使馆国会处参赞这一岗位及在岗者的调研分析得到的该岗位的工作说明书；图 1 则为另一小组同学通过对中国政法大学辅导员岗位的调研建构的该岗位的胜任特征模型。

表1 中国驻美大使馆国会处参赞工作说明书

岗位目的：处理全国人大常委会与美国国会之间的关系	
主要职责： 1. 跟进美国国会涉华法案的情况 2. 使美国国会更多地了解中国 （1）向议员和议员助手传达中国的信息 （2）每年组织议员和议员助手访华 3. 关注美国的议员选举情况 4. 参与接待国内访问美国国会的代表团	关键绩效指标（KPI）： 1. 接触议员和议员助手的频率和效果 2. 会见使馆领导的次数 3. 调研报告的数量 4. 参与国内代表团访美工作的情况 5. 组织议员和议员助手访华的工作情况 （议员及其助手给大使馆写信进行评价）
任职资格： 1. 通过公务员考试 2. 通过外交部录取公务员的考试 3. 在外交学院进修 4. 坚定的政治立场 5. 无明显的生理和心理缺陷以及不良史	
能力要求： 1. 基本能力：交际能力、组织能力、时事敏感性、应变能力等 2. 突出能力： （1）外语能力强：基本的英语和其他小语种 （2）语言功底厚：逻辑能力强、写作能力好 （3）对国际知识有充分的了解：比如长期进行对美问题研究、国际法学专家等 （4）保密意识强 （5）抗压能力强 （6）抗挫折能力强 （7）大的是非观	

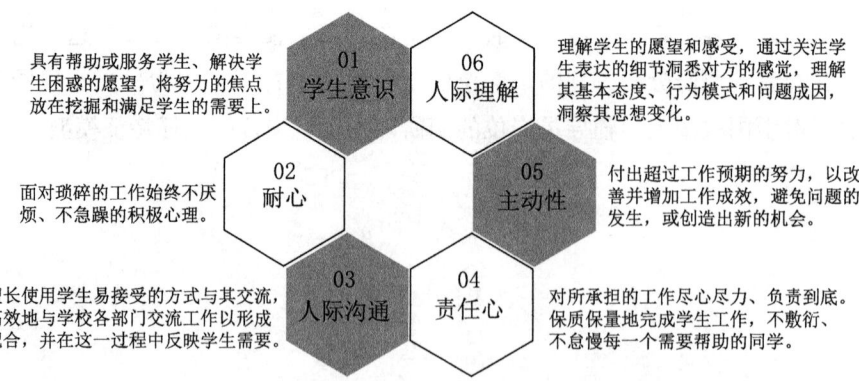

图1 中国政法大学辅导员岗位胜任特征模型

除此之外，课程中还开发了对不同岗位不同胜任特征的测评工具，包括情境判断测验、结构化面试题目等一百余道。比如，下表 2 为学生开发的测查人际沟通的情境判断测验题目。

表 2　测验工具举例：人际沟通的情境判断测验

假设你是晨星公司新入职的员工谢雨，目前被安排担任公司市场部负责人赵总的见习助理（第二助理）。入职后，赵总希望你能在他的第一助理周浩的帮助下迅速熟悉工作。然而，你却发现，周浩在工作中经常对你敷衍了事，并不给予有用的指导。更过分的是，这一天你发现周浩竟然谎称自己家中有事而将本属于他工作全部交付于你，自己却出去与朋友玩乐。这时你会选择怎么做？

A. 这次依然替周浩完成本属于他的工作，第二天将工作成果交与赵总，并向赵总委婉说明最近发生的相关情况，碍于工作关系选择请赵总出面提点一下周浩，希望周浩能帮助自己熟悉工作。

B. 这次拒绝替周浩完成本属于他的工作，当时便指出他不应该欺骗自己，同时委婉地表达这一段时间的不满；如果他执意去与朋友喝酒，那么请他晚上自己加班完成。

C. 这次依然替周浩完成本属于他的工作，第二天交付工作时向他委婉表达这一段时间的不满，同时告知其自己知道昨晚被骗的事实，希望以后不要再发生。

D. 这次拒绝替周浩完成本属于他的工作但当时并不告知他，第二天告知其自己知道昨晚被骗的事实，同时委婉地表达这一段时间的不满，但表示愿意协助他尽快完成赵总交代的工作，希望日后可以坦诚相待。

（二）教学效果

一方面，就企业反馈而言，由于大部分企业并没有真正在选拔过程中完全采用学生们开发的测验工具对应聘者加以选拔，因此本研究只对企业对于工作说明书和胜任特征模型的评价加以分析。基于对 8 个受访企业的后续追踪，所有企业相关工作人员均表示认同学生们调研得到的工作说明书和胜任特征模型，并认为上述档案对于澄清岗位要求和选拔标准有重要的作用，将作为企业的人力资源管理档案被保存，并欢迎以后继续对其他的工作岗位加以调研分析。

另一方面，就学生的课堂感受而言，该课程的量化学生评价的分数为 97.5 分。在质性评价中，学生一方面指出"内容非常丰富""实践性强""课程很有价值""很有实践意义""很有收获""不仅收获了人事选拔的知识，还掌握了调研、工作分析等实践技巧"，在一定程度上说明 PBL 的模式的确突出了该课程的实用性，但与此同时，学生也提出了"唯一的问题就是作业太多了""需要完成的作业有些多并烦琐""学业压力过重"等问题，说明相较于传统的教授式教学而言，PBL 模式对学生在工作量上的确存在一定的挑战性，因为学生不再是完成老师分解好的、界定清晰的结构良好的任务，而是要从头到尾做完一个项目，而且对学生之间的协调与合作也提出了更高的要求。

四、研究启示

本研究通过探讨 PBL 教学模式在心理专业选修课程《实用人事测量与选拔》中的应用，在一定程度上证实了 PBL 教学模式与《实用人事测量与选拔》及类似的以应用为导向的课程之间的适配性：在学生高度卷入、明显感受到课程对实践技能有提升作用的同时，也切实为合作的企业提供了有用的人力资源管理资料。然而，值得注意的是，由于 PBL 无疑对习惯于传统教学的老师、学生以及评价体系都提出了更高的要求，尤其是在习惯了教师的主导地位、强调知识的系统性和条理性、习惯于解决结构良好问题的大学课堂而言，突然实施新的 PBL 模式对师生而言均是一个不小的挑战。因此，比起教学方式的突然变革，在教师有意识、有耐心地带领学生由传统教学逐步渐变为 PBL 教学模式可能对于师生双方的适应以及最终教学效果的提升更为有益。

法学方法论课程教学内容的专题体系化探索

——以本科《法学学习方法与论文写作》课为实践平台

黎　敏 *

一、问题的提出：法学方法论教学对卓越法律教育的积极意义

从国家法治建设的长远眼光讲，高等法学教育的根基不能只是在"法条概念"等纯粹技术性工具性知识上的传授。研究法律与法治、真正懂得法律与法治的精神，还需要让未来的法律人——即一代又一代的法科学子们懂得掌握隐藏在法条与法典背后的伟大思想、知识传统与法律家思维方法。这是因为从知识论与认识论上讲，法律与法学是一门直面人性、社会与国家各种弱点的学科，这注定法学教育必须具有相当的知识广度与深度，法律人必须有深厚的人文社科视野与知识素养。英国有一句关于法律教育的谚语，"We cannot learn law by learning law"[1]，可谓精辟地点出了卓越的法律教育在智识上的高要求与高标准。

2006 年，我国台湾地区著名法学家张伟仁教授在西北政法大学举办讲座时曾特别援引英国上议院大法官的这个观点。他强调法律是一种社会规范，要学好法律，必须先了解它所来自的社

---

*　黎敏，中国政法大学法学院法律史研究所副教授。

〔1〕　原话出自英国上议院大法官 John Radcliffe，转引自张伟仁：《学习法律的一些问题》，载中国社会科学网，http://www.cssn.cn/fx/fx_yzyw/201408/t20140811_1286824.shtml。

会，包括它所在的文化传统、当前的社会处境及将来发展的方向，然后去探究法之精义、认清法的社会功能，才能作为一个优秀的法律人为社会的公平与和谐做出贡献。一个人在这方面的知识积累越多，他对人性，对人的行为、社会的组织和运作的了解就越深，对于研究法学或从事立法、司法工作就越有帮助。[1]法学这个学科研究对象——法律的复杂特点决定了法学知识的多重属性，它要求法律教育教学不能仅仅注重注释法学方法与实证法条之学，法律人既要掌握注释法学、实证法学、应用法学覆盖的法典知识和实务技能，还要具有相当的理论法学素养。理论法学包括法理学、法社会学、法律史等基础学科。理论法学的知识素养是一个法律人接近法学真理不可或缺的阶梯。

中国政法大学是我国法学教育的最高学府。学校在法律教育领域最大的办学优势是已经建立起我国教学水平最高、门类最齐全的非常精细化的部门法课程体系。法科学子在这些分类细致入微的部门法课堂上可以系统地了解我国社会主义实证法律体系各部门的规范内涵与实践适用。

在法学方法论谱系上，部门法教学主要是以法教义学的方式进行的，这些课程包括但不限于民法教义学、刑法教义学、行政法教义学、公司法教义学、诉讼法教义学等主干实证法课程体系。部门法教学的法教义学特质决定了它们聚焦的是法律的规范性，注重培养学生的规范性思维。所谓规范性，通俗而言，就是各大部门法教学内容集中在阐释实证法规范的内涵，运用有学科自主性色彩的一套概念话语概念体系解释现行法律法规及其在司法实践中的因应。部门法课程的主要教学任务是给学生讲解这套特定的法言法语、指导学生熟练运用学科中的专业概念话语与通说释义，去分析个案争议与相关的法律实践现象等。

因此，部门法学习的"质料因"主要是现行法条、典型案例与学理通说，而"形式因"则是拉伦茨在法学方法论上提倡的必须在法条与个案之间不断地"目光往返流转"，以便寻求到最符合法律规范性要求的个案解

---

[1] 参见张伟仁：《学习法律的一些问题》，载中国社会科学网，http://www.cssn.cn/fx/fx_yzyw/201408/t20140811_1286824.shtml；另外一个方法论相关讲座，参见张伟仁：《学习法史三十年》，载《清华法学》2004年第1期，第279~287页。

决方案。简言之，讲授特定实证法律规范，指导学生在个案中确定法律争点和正确的法律规范依据，是一般部门法教学的基本任务与基本思维。这些是法学教育中非常基础、非常关键的教学研究板块。

但是，从现代法学教育更为整全、法治建设更为长远的发展眼光看，"规范性""法条""案例"这些质料因只是法律与法学教育展现给初学者的第一个基础印象。它们非常重要，但却没有涵盖法学的全部智识内涵。在这些实证性基础维度之上，法律与法学实际上还具有高度的历史性、哲学性和政治性的。这些面相隐藏在法律的规范性面相之下，它们悠久，深刻、复杂、多元。一个法科学生越深入到法学学习的深层阶段，就会越深切地感受到这些智识维度对一个优秀的法律人理解法律的理性与法律的局限均具有相当关键的意义。

那么，什么是法律与法学的历史性、哲学性和政治性呢？如何让没有学术基础的本科学生在部门法学习任务非常繁重的同时，能同时深切理解法律与法学的这些重要而复杂的属性呢？

从 2012 年开始至今，笔者秉持从教学中发现问题反思学术研究，又以学术研究去反哺课堂教学的理念与激情，以《法学学习方法与论文写作》这门传统的本科研讨课为教学实践平台，展开了法学学习方法教学内容的专题化与体系化的新探索。之前我校的《法学学习方法与论文写作》并没有专门的研究所和教师队伍稳定进行授课，教学内容比较分散，内容随着每年随着开课教师的个人兴趣不同而改变，老师们有侧重从律师实务或司法办案实践视角来讲课的，也有侧重讨论法律与文学关系的，这当然有多元化的优点，但如果从法学方法论本身乃是一个具有深厚学术底蕴的学术领域这一点而言，那么，这门课程的教学内容就还有必要进行兼具学术性与实践性的专题体系化优化。

从选课学生的反馈看，过去几年这个教学探索取得了良好的实际效果。学生学完这门课程讲授的智识体系与方法论谱系后，普遍反映这个课重新点燃了他们学习法律的热情，拓展了他们学习研究法律的视野与思维。有的学生认为这个专题知识体系能帮助他们更深刻地理解法治的真谛与精神，还能启发他们探寻研究部门法问题的理论分析框架与智识脉络来源等。这些教学相长的宝贵经历让笔者感到这个课程教学体系化探索非常有意义，因此不避浅陋对一些具有普遍性的教学问题与经验进行初步总结，与法学同仁交流并向同行专家请益。

二、法学方法论课程的总体问题意识：法学是一门怎样的科学？

（一）问题意识、法学学科的问题类型与法感的培养

著名哲学家、北大哲学系教授何怀宏先生曾出版过一本书，叫作《问题意识：当代博士生导师思辨集粹书系》（第2辑），谈到问题意识乃是问学的动力。一个大学生在大学阶段应该关注三类问题：时代的、历史的和永恒的。所谓时代的，也就是时代与社会性的，涉及对现实的乃至紧迫的社会政策及个体行为的观察评价。第二类历史类的，涉及怎么看待世界和中国近一百年以及更早的三千年。时间最长远的就是第三类永恒的问题，比如生命的意义、精神信仰等古老而又常新的问题。[1]

应该说，每个学科都有自己的这三个层次的问题。法学，也有本学科要面对的时代-社会性问题、历史问题和涉及永恒的终极价值问题。[2] 基于这个考量，法学方法论第一堂导论课以耶林《法学是一门科学吗》这本经典名著为切入点，向学生提出这个方法论总体问题。学生在这堂课后需要完成一个学术性作业：举三个例子分别阐述自己所认知到的中国法律或法学发展中的时代性问题、历史性问题与终极问题。

这个教学环节设计的主要目的是通过考查学生的问题意识进而分析学生阅读情况与阅读质量。问题意识涉及一个学生提出问题的能力以及所提出问题的深度与广度。一般而言，问题意识敏锐的学生能提出有意义的真问题。而这样的问题意识不会从天上掉下来，它在相当大程度上取决于一个人平时的知识积累和深入思考，这一点对于教师和学生而言是相似的。比如，注重分析法律在规范性之外还具有的历史性、哲学性、政治性，就

---

〔1〕 参见何怀宏：《问题意识：当代博士生导师思辨集粹书系》（第2辑），山东友谊出版社2005年版，第7~8页。

〔2〕 关于中国法治研究本土问题意识的内涵及其挖掘，最典型的分析参见苏力：《问题意识：什么问题以及谁的问题?》，载《武汉大学学报（哲学社会科学版）》2017年第1期。

是我作为一名法学教师长期读书思考，从事一线教学后对法律与法学产生的整体认知。

在这个整体认知指引下，本课程要求学生按照专题指引阅读大量专题文献与典型案例，旨在让学生在研习法律的过程中注重培养一种"基于法条又超越法条"的广博知识视野。让法科学生深知既要学好部门法同时又不能只学部门法；既要熟练掌握法条-释义式法学又要学好价值-理论法学（因为在根本上这两者是不可分离的）；既要具备实务法律家（Practical Lawyer）的技术素养与工具理性，又要拥有学术法律家（Academic Lawyer）的理论底蕴与价值理性。

概言之，理想的法学方法论课程教学始终要围绕一个根本目标展开：即应让学生知道理论法学与法律实践之间存在通力协作的关系，法律人不能以实践为理由拒绝理论，也要意识到理论过度疏离实践的危险，这两个层面缺一不可，不可偏废。因此，一个卓越的法律人既要有扎实的处理个案的决疑诊断技术，而在面临法律实践中具有一般性的事物或议题时又要有理解并解决理论性争鸣的抽象化能力。[1]

如此，对学生个体而言，才能成为有思想有"法感"的卓越法律人，"法感"在法学方法论上就是指根植于法律人灵魂深处的一种理性价值判断机制。接受此种机制训练的法律人，能以对正义富有义务感、对制定法持批判态度的法律人人格取代无感情的涵摄机器。[2] 如此，推而广之，对学校法学教育整体格局而言，才能全面体现中国政法大学作为国家法学教育的最高学府的卓越品质追求。

（二）法学方法论课程教学的基本思路：法教义学、法律史与法哲学的三位一体

《导论》确定了课程的总体智识基调之后，教师接下来的教学工作重

---

〔1〕 关于法理论与法实践的二元互补关系，参见［德］鲁道夫·冯·耶林著、［德］奥科·贝伦茨编注：《法学是一门科学吗?》，李君韬译，法律出版社 2010 年版，第 74~79 页。

〔2〕 关于"法感"是什么、"法感"蕴含的衡平法技艺实质以及如何在法学教育中进行"法感"的培养，参见［德］鲁道夫·冯·耶林著、［德］奥科·贝伦茨编注：《法学是一门科学吗?》，李君韬译，法律出版社 2010 年版，第 81~84 页。

心是如何设计课程的具体教学内容，让学生能以有效的方法深刻地理解、切身地领悟法律与法学的博大精深？为此，笔者在教学实践中提出了一个兼具专题化与体系化两种考量的广义的法学方法论谱系：即贯彻法教义学、法史学与法哲学三位一体的高阶法学学习方法论。

法教义学的方法就是所谓内部视角的进路，也叫法学内的方法。法教义学主要是分析现行有效的法律的规范内涵、规范结构与规范效力。法律实务界以及分析法学派就是借助法教义学的各种方法去解释各种法律法条的意思，评价各种法律的实效。学生在部门法课堂上学到的法律解释和法律推理的技术与知识，在形式上就属于这个方法。德国人将这种方法称为法教义学，法教义学的方法与目标是，通过极度精致的体系化的立法和学术研究形成通说，形成所谓的法教义学意义上的法律论证。

"法教义学方法中的法律解释、法律漏洞填补、一般性条款（概念）的特殊适用等，构成欧陆法系的法律方法。"[1]在英美法中，与德国法教义学方法类似的方法就是法律推理、法律逻辑等技术方法，法官在判决书中要对其选择及支撑其选择的价值判断进行严格详细的法律推理论证。英美法系在判例法传统下形成了"Distinguishing Technique"（区别技术），还把法律方法的重点放在"Legal Reasoning"（法律推理），法律推理成为英美法中对法律（判例）适用的一种方法的统称。[2]

概言之，法学的实践性品格，决定了法学方法论课程必然首先需要传授以剪裁案件事实、寻找正确的法律规范、解释法律规范为中心的法教义学思维。这个部分的法学方法论教学研究的主要问题包括：关于法条的理论、关于案件事实的形成及其法律判断的理论、关于法律解释的理论、关于司法推理与法律论证的理论。[3]高品质的法教义学，本质上就是对实证法的高品质科学研习的结果，高品质的法教义学是抗拒低劣法律实证主义、旨在对法律进行富有精神底蕴的探讨运用的必要前提。耶林指出要避免法教义学沦为低劣的实证主义，就必须充分重视历史、哲学与现行法之

---

〔1〕　参见孙笑侠：《法律人思维的二元论兼与苏力商榷》，载《中外法学》2013 年第 6 期。

〔2〕　参见孙笑侠：《法律人思维的二元论兼与苏力商榷》，载《中外法学》2013 年第 6 期。

〔3〕　参见舒国滢等：《法学方法论问题研究》，中国政法大学出版社 2007 年版，第 18 页。

间存在的那个"魔鬼三角"。这个魔鬼三角关系要求现行实证法的实践家具备历史与哲学素养，而现行实证法的理论家需要具备历史中的经验性。[1]

而法史学与法哲学的方法，就是所谓外部视角的进路，也叫法学外的方法，它们与所谓社科法学方法更具有亲和性。这些所谓外部方法侧重从法律与政治、经济、文化、宗教、伦理等社会现象之间的互动关系中探求法律的来源、法律的实质，分析法律的实效，也就是说，作为社会与历史中的人，法律人还需要能够准确评价法律包含或隐藏的政治、经济与文化逻辑。外部视角的方法主要涉及法律史、法哲学、法社会学、法律经济学等学科。

社科法学方法的主要目标和操作方法大体上涉及两个层面的问题：其一，依据不同社会科学的特定思维进路或价值衡量标准，对法律制度或司法实践可能产生的社会效益、观念影响、文化伦理冲击或经济效率后果进行预测分析；其二，根据政治治理目的或社会公共利益衡量法律制度、法律规则和司法实践的正义与否，亦即根据政治经济社会要素评价实证法的法与不法，厘清法的合法性与正当性。[2]

(三) 法学教育应重视法学方法论但不能沉迷于僵化的方法论

法学教育与法治建设的长远发展取决于多种多样的因素和历史机缘，法学方法论的现代转向绝不是万能的灵丹妙药。因此，以培养卓越法律家为根本任务的政法大学，其法学方法论课程必须处理好一个根本方法论伦理问题，即要教育未来的法律人不能沉湎于方法论上的盲目飞行，因为过度沉湎于法学方法论可能使法律人仅仅专注于法律适用操作规程和纯粹的法律解释技术。久而久之，法律人可能丧失洞察内心道德的道德反思能力，成为僵化的法教义学操作机器，甚至使法律沦为权贵的工具。[3]简言之，法学方法论很可能背离法治的宗旨，从而产生异化，助力产生恶果，因

---

〔1〕 参见 [德] 鲁道夫·冯·耶林著、[德] 奥科·贝伦茨编注：《法学是一门科学吗?》，李君韬译，法律出版社2010年版，第74~76页。

〔2〕 关于社会学解释进路对传统内部法解释的影响，参见杨仁寿：《法学方法论》，中国政法大学出版社2013年版，第27页。

〔3〕 参见舒国滢等：《法学方法论问题研究》，中国政法大学出版社2007年版，第18~19页。

而，法学方法论并非必然自始完全合理，这在根本上是一件很清楚的事。[1]

因此，本课程的专题设计非常注重突出这一点，这就需要专题设计是体系化的。体系化的专题设计强调法教义学不排斥理性的价值判断。课程会布置专门文献着力讨论法学方法论的重要知识输出国德国，在二战后的法学方法论发展情形——二战后的德国法学为什么以及如何向有人文主义底蕴的诠释学转向。这个历史转型的实质是在反思纳粹极权政治灾难的大历史背景下，当代德国法学方法论不再僵化地坚持法律实证主义，而是强调法律史与法哲学中的价值要素与法教义学并不是绝对隔绝和相互独立，这一点在当代德国的宪法教义学即基本法教义学中尤其明显。

课程为此要求学生必须阅读拉德布鲁赫、拉伦茨与阿列克西的有关著述。毋宁说，以德国为例，当代法学方法论固然奠基于德国历史法学派的思想与法律解释学技术传统，但它又没有像以往传统实证主义方法论那样主张将一切历史、哲学、伦理、政治因素从法学中排除出去，而是主张认为法学家应以审慎而独特的方式处理法律实务与法律争议中的历史与哲学问题。这也是经历了对纳粹反思的拉伦茨法学方法论转向的一种融贯立场。所谓如果不考虑法哲学、历史与伦理经验，就根本无法研究法学方法论。[2]考夫曼表达了一种与拉伦茨相同的意见，即法律家的论证方法中必然包含着相当的哲学因素。法哲学论证与实证主义的四种解释论证方法相互补充相互支撑。[3]

与此同时，在法学学科谱系中，还有一门学问对于法科学生深刻理解三个上述不同层次的法律问题有直接关系，这门学问就是法律史。欧洲大陆孕育的最伟大的法学头脑萨维尼，曾在德国大学不遗余力地向德国学子讲述，法学为什么在根本上乃是一门具有历史性的科学——一门与历史直接有关的复杂的精神科学。

---

[1] 参见陈金钊主编：《法律方法论》，中国政法大学出版社 2007 年版，第 6~8 页；[德] 考夫曼：《法律哲学》，刘幸义等译，法律出版社 2004 年版，第 67 页。

[2] 参见 [德] 卡尔·拉伦茨：《法学方法论》，陈爱娥译，商务印书馆 2003 年版，第 21 页。

[3] 参见 [德] 考夫曼：《法律哲学》，刘幸义等译，法律出版社 2004 年版，第 63 页。

萨维尼指出，一个民族国家的法律具有双重生命，首先，法律是社会存在整体中的一部分并始终为其一部分；其次，法律乃是掌握于法学家之手的独立的知识分支。所有后继的各种现象，均可由法律的这两种存在形式间的依存合作关系而获得解释。为了简明起见，技术地说，我们将法律与民族的一般存在间的这种联系称为"政治因素"，而将法律的独特的科学性的存在称之为"技术因素"。[1]萨维尼关于法的政治因素与技术因素的论述，乃是现代法学方法论最重要的一种思想传统，历史法学派这一方法论及其蕴含的法解释学思想绵延而下，直到今天依旧是大陆法系代表性国家的主流法学方法，它强调法律与法学的历史性（指向政治因素）与体系性（指向技术因素）的双重维度，强调法科学子要在历史性思维与体系性思维下展开对法律规范与法典的解释适用。

无独有偶，美国20世纪以来最伟大的大法官霍姆斯在《法律的道路》这篇经典文献中也告诫美国法学院的学子，要真正懂得法律、全面了解法律的真谛，必须深入学习法律史与法哲学，这是由于法律与法学知识本身是社会历史发展的一个产物。[2]当代牛津大学法理学教授约翰·莫里斯·凯利在牛津法学教科书《西方法律思想简史》中则开宗明义地提到重视法理学的历史维度，认识到法律发展的诸多重要问题都要在与重大历史事件的互动关系中得到理解法学研究教学的意义。[3]不仅法理学有其历史维度，就是所有部门法学也都有历史维度。用更通俗的话来说，法学与法律发展中的很多重大理论与实践议题都需要在历史与社会语境下才能得到尽可能全面的分析理解。

总体而言，对培养法科学子的法律家思维而言，蕴含正义论思考的法哲学（包括社会理论法学）素养与历史思维对于避免法学方法论及其运用的异化，具有非常重要的精神意义。课程旨在引导学生理性把握法律实证

---

〔1〕 参见 ［德］弗里德里希·卡尔·冯·萨维尼：《论立法与法学的当代使命》，许章润译，中国法制出版社2001年版，第8~9页。

〔2〕 Oliver Wendell Holmes, "The Path of the Law", *Harvard Law Review*, 1997, vol. 110, No. 5 (Mar., 1997), pp. 999-1009.

〔3〕 参见 ［爱尔兰］J. M. 凯利：《西方法律思想简史》，王笑红译，汪庆华校，法律出版社2002年版，第2页。

主义与自然法传统的二元平衡之于法学与法治的关键意义。

上述法学史上的经典文献蕴含着一门理想的法学方法论课程应该传授给学生的经典智识传统。最基本的方法论伦理是，法学与法律教育作为一门精神科学，在规范性之外，还具有高度的人文性与社会科学特质。为此，笔者在课程中提出了三个重要认识论范畴：法律的历史性、法律的哲学性、法律的政治性，期望通过这个具有统摄性的范畴体系引导学生观察分析法律实践与法律现象。

法律的历史性、哲学性、政治性属性使法学、法律教育与一般自然科学有着相当不同的思维方式，但又分享一些相似的科学精神品质。诚如我国台湾研究法学方法论的学者杨仁寿所言，自然科学与社会科学或法经验科学之间各个领域之研究，内容有不同，但研究之态度几乎可以相通，具有学问的共通性，都须讲究专精与博通。法学之钻研亦不外如是。[1]

法学方法论学说史显示的上述共识表明，法学教育讲究指引学生在法律实务中要对自由心证或其他形式的主观判断进行基于法律规范和基于案件事实的客观论证。这些系统的关于法学与法律的智识是法学方法论课堂上应该传授给同学们的，因为部门法教学通常受课时与课程特点限制，不太可能留出专门的课时对此间重要问题进行系统阐述分析，而这正是专门的法学方法论课程可以承担起来的任务。

那么，在教学实践中，如何去细致地铺叙与解释方法论课程的上述总体命题呢？这就涉及对课程总体问题进行二阶思考和子问题解析。

三、围绕法律的四个面相设计法学方法论课程教学内容的专题体系

总体问题进一步转化分解为：什么是法律的规范性（即科学要素）？什么是法律的历史性、哲学性和政治性（即人文要素）？在法律的规范科学性与法律的人文要素之间有一种怎样的关系？这些问题在英美法系和大陆法系与在当代中国到底具有哪些不同的表现形式？如何深刻理解法律的规范科学要素与人文要素共同事关"法源"这一根本性法理问题？

---

〔1〕　参见杨仁寿：《法学方法论》，中国政法大学出版社 2013 年版，第 27 页。

（一）方法论专题体系的综合教学目标：理解法律与法学的四种属性

十五年的外国法制史和七年的法学方法论教学研究，使我感到有必要通过一种专门的课程体系来引导学生进入这些重要问题，使他们能通过教科书之外的更为广博的阅读，更深切地去理解法学为什么是一门复杂的实践科学与精神科学，具有高度的历史性、哲学性与政治性。

为了引导学生理解上述复杂面相，课程设计成了四个大的专题板块，分别讨论"法律是什么""价值判断与法教义学""法律史在法学研究与法律教育中的作用""法哲学与法社会学在法学研究与法律教育中的作用"。每个专题由若干代表性文献组成文献群，选择的文献来自当代中国和当代大陆法系及英美法系中的经典法学名篇，从西方法系与当代中国各选一些具有总体性意义的法学方法论经典文献，进行对比阅读分析。所谓具有总体性意义的文献，就是指触及主要民族法律演化历史及相应演化理论等深层次问题的文献。目的是让学生寻找超越民族与国界的法律与法治发展的一般规律。

文献所涉具体内容有些是法学上有持久论辩历史并且已经形成了基本学术知识传统的问题，有些是针对基础法律问题或者法律社会现象的系统研究。每一个专题之下所列举的必读文献，选课学生必须在课前认真预习精读，然后教师在课堂上围绕文献展开讲解讨论。

专题设计的目的是让没有什么学术基础的同学们能有的放矢地深切理解上述看似抽象简单的命题背后蕴含的非常具体又丰满的实践理性内涵。笔者认为教师依托理论法学与部门法教义学文献，从多个维度讲解法律的科学性与历史性的教学研讨过程，实质上就是在训练学生发现、提炼有实践意义或有理论价值的问题的过程。教师应力求向学生传递一种既可运用于部门法研习、又可运用于法学理论探讨的法学思维以及进行这样的法学思维必备的历史与哲学知识。

课程在开始专题讲解之前，会在一般法理意义上介绍在规范性之外，法律的三种人文要素：即法律的历史性、哲学性与政治性的基本内涵。

所谓法律的历史性，在学科与方法谱系上对应法律史学，专题研讨指向法律与法治的过去、当下与未来，指向我们身处其中的当下法律体系到底是怎么来的？向学生指出，法史学乃是关注法律的历史性的学问，它探讨法律从哪里来？曾经是怎样？对现实有何影响？同时关涉法学专业知识的传承。

所谓法律的哲学性，在学科与方法谱系上对应法哲学，专题研讨指向法律历史与法治现实中那些根本价值基础与价值冲突，法哲学是关注法律的哲学性的学问，它探讨法律应当是什么？关涉该以怎样的价值标准去评判分析实际上存在的法律与法律实践的正当性？

所谓法律的政治性，则是与历史和哲学交缠在一起的，法律的政治性源自人类社会的一个普遍现实，即包括法律史和法哲学在内的一切历史与哲学都是发生在特定政治情境下的历史认知与哲学认知。因此，法律的历史性与哲学性注定是政治性的，而法律的政治性又必然包含历史性与哲学性。具体而言，法律的政治性探究分析法律制度与政治体制、政治文化之间到底存在一种什么样的历史关系与哲学关系？更通俗而言，法律到底是不是政治的晚礼服？还是，法律应该还是政治的紧箍咒？

（二）专题体系的基本学术内容：从法律的本质到法律的功能

依据前述方法进路与思想基调，课程的专题体系主要覆盖四个向度的问题域。

第一专题"法律是什么"——"法理学"与"法学方法论"的元问题：集中讨论英美法系与大陆法系的法学方法论名篇：主要以霍姆斯、卡多佐、富勒、耶林、拉伦茨的著述为主。考虑我国当代法律制度的大陆法渊源，本专题特别重点的一个教学内容是：介绍以萨维尼、耶林、拉伦茨为代表的非常内部法学视角的方法论著述，因为我们中国法律移植的知识资源有很多直接源自德国这样的大陆法系国家。因此萨维尼、耶林、拉伦茨三者所处时代德国法律与法学面临的焦点问题都值得我国法科学子了解。

萨维尼着重处理作为一个日耳曼民族的德意志如何继受罗马法、思考如何通过科学地利用并改造罗马法来形成德国–罗马法的问题。[1] 到 19

---

〔1〕　着重阅读分析萨维尼《论立法与法学的当代使命》中提出的法学家与法律人应有的科学素养与历史素养。

世纪，耶林试图全面反思萨维尼之后德国潘德克顿法学的一些问题，他认为潘德克顿法学代表着德国法学高度的科学成就，但其中也存在过犹不及，他提出利益法学，主张法学有责任去探讨法律概念背后各种正义目的。耶林利益法学理论实际上对萨维尼及其学派成功贯彻了的科学性主张提出了新的挑战。耶林认为要重新定义法学的科学性。到哪里去寻找重新定义法学的科学性的智识资源？耶林把目光扩及到了社会。课程要求学生在学术史意义上阅读理解他的三个著名学术演讲：《法学是一门科学吗?》《为权利而斗争》《论法感之产生》。[1]耶林的理论贡献在于他是在完全不知道达尔文理论的情况下，发展出了一种新的法律演化理论。对当代德国拉伦茨评价法学及其法学方法论的理解，如果有了前面的这些知识做铺垫，就会更加容易。评价法学是对耶林以利益法学的反思推进的结果，德国进入所谓评价法学时代，而这对法学研究与教育到底意味着什么？这都是课程意在引导学生要去思考探索的问题。[2]

第二专题"价值判断与法教义学"，集中讨论法教义学方法在我国法学研究与法律教育中的运用以及法教义学如何处理价值判断问题。笔者对课程该部分内容的种类考虑得相对整全，遴选设计了"民法教义学专题""刑法教义学专题""宪法教义学专题"这三个基础性法律部门的法教义学著述组成一个"总的法教义学专题"。首先旨在通过这个总专题引导学生了解知悉我国晚近 20 年以来法学研究与教育的基本趋势，并指导学生通过具体事案反思这个基本趋势中存在的一些问题。这个基本趋势就是：最近 20 年间中国法学研究与法学教育被一种译为"法教义学"的思潮席卷，从民商法刑法行政法三大诉讼法到宪法法理学，无一不被法教义学方法论思潮席卷。作为政法大学的法科学子，自然应该了解这个普遍的法教义学趋势到底意味着什么？又涌现出了哪些方法论与价值论问题值得关注研究？

---

〔1〕 着重阅读分析耶林前两个学术讲座中表达的以法史学与法哲学反哺法教义学建构的高阶法学思维。

〔2〕 具体分析参见舒国滢：《战后德国评价法学的理论面貌》，载《比较法研究》2018 年第 4 期。

这个一般性问题既可以在抽象法理与法哲学维度展开探讨，比如回溯到德国现代法学史语境去了解法教义学作为一种德国味特别浓的方法论的前世今生；又可以往具体的法律部门及其下位概念一步一步还原，还原为很多更细致的具体法律理论与实践问题。

课程在 11 周共 32 课时的教学时长中，一般配置 6 个到 9 个课时讲解阅读这个领域的代表性文献，并要求学生依据个人的不同兴趣，在民法教义学、刑法教义学、行政法教义学、宪法教义学等领域去探索发现某一个问题进行研究写作。比如在刑法教义学专题部分要求他们阅读以下两组对立性的文章，并提炼其中的核心理论争鸣——陈兴良的"形式解释论的再宣示"与张明楷的"实质解释论的再提倡"；张明楷的"结果无价值论的法益观"和周光权的"行为无价值论的法益观"。从课程提问讨论的实际情况看，在这种富有针对性但又有一般方法论思维指引的情形下进行的阅读分析阐述，学生能受到相当直接的可见的启发，去并将这些知识与方法反馈到各自的部门法学习与理论法学学习中。

以专题文献为载体讨论民法教义学与刑法教义学的一般思维方式，希望为部门法教学提供理论与方法论助力。一方面，通过举例向学生生动地展示，法教义学的根本任务是形成公理与体系，根本目的是使法官等法律职业阶层能运用这些公理和体系思维公正地解决案件纠纷。法教义学打造法律公理与法律体系的手段就包括建构一整套专业概念、规则与原则，并填充这些概念规则原则的内涵，所以，法教义学特别讲究如何填充"法律的规范性内涵"。所谓"规范性内涵"，在不同语境下有不同含义，在法教义学语境下，就类似公理性。部门法教学研究就是为了教同学们熟练掌握并懂得运用这一套专业知识体系去分析实践中的案件或争议。正是这样运用法言法语剪裁个案事实，并运用三段论逻辑推理将个案事实与一般规范进行涵摄的思维过程构成法律人思维方式的基本特征，也正是从这个结构意义上看法学被视为具有所谓"科学的性格"。另一方面，又向学生揭示，逻辑化的法教义学操作只是法律科学的一个必不可少的外观与形式，因为法律中很多深层次的问题隐藏在看似可以公理化的逻辑思维结构的后面——这个后面隐藏的就是法律的人文要素和人文品格。法律人必须懂得这个混合结构。

第三专题"法律史在法学研究与法律教育中的作用",集中讨论法律史包括民族国家历史变迁在法学研究与法律教育中的影响与作用。由于课程时长有限,目前这部分内容将主题定位宪法史,课堂教学内容主要集中阅读讨论我国内地(大陆)和我国台湾、香港地区三个法域中宪法体制特别是合宪性审查技术的当代发展与历史演进之间的关系,旨在让学生通过阅读不同立场的宪法史与宪法理论文献,深入了解我国内地(大陆)与我国台湾、香港地区宪制发展的内在关系与重要差异。这部分宪制史教学的目标是,通过知识考古式的讲解,对宪法与宪制等重要词源的纯粹法学内涵以及现代宪法政治的价值原理进行比较宪法史的分析介绍。[1]

第四专题"法哲学与法社会学在法学研究与法律教育中的作用",引入法哲学与法社会学经典理论,旨在让学生深切理解社科法学的思维与学习方法。学生需要阅读在经典法学家之外的经典社会理论家的法理论著,主要阅读卡尔·马克思和马克斯·韦伯这两位现代世界最重要的经典理论家的法律著述,它们对我们理解今日中国法律与法治的发展非常有思想价值。课程会引入韦伯的法律社会学、政治社会学、宗教社会学与马克思的社会理论与社会主义思想著述,引导他们知道思考和研究法律的另一种视角,即政治学与社会学视角。英美法系方面,现阶段主要注重介绍两个问题:

一是经典法哲学家的著作,主要是德沃金的《法律帝国》《认真对待权利》《自由的法》,旨在让学生了解现代自然法理论与法律实证主义的不同出发点和他们在法律解释理论上的立场差异。德沃金非常出色地论述分析了法官律师等法律人在寻常工作过程中经常需要很多具有哲学性的问题并需要对这些问题做出决断,尤其是在那些更具公共性的法律领域中,包括法官在内的法律人所面对的哲学问题更多,因此德沃金提出,法律人虽然不需要成为哲学家,但法律人的工作目标与方法必然包含着哲学家的目

---

[1] 这部分教学将主要介绍现代宪法史上的代表性理论以及我国宪法学者对这些理论采取的完全不同的解释运用,旨在引导学生从知识传统切入观察分析我国宪法领域的真问题。

标与方法。[1]

二是从当下全球化前景与危机的角度着眼，让学生知道一些关于批判法学理论的常识，主要引入哈佛法学院邓肯·肯尼迪的《法律与法律思想的三次全球化：1850—2000》作为基础读本。肯尼迪总结了 1850—2000 年三次法律全球化的模式特征，他把这一百多年的法律发展总体上分为三个阶段，分别对应三种范式：第一个阶段就是 1850—1914 年的第一波全球化，属于古典自由主义法律范式，强调法律是对个人权利本位的保障和对国家公权力的法律化制约；第二个阶段是 1900—1968 年的第二波法律全球化，属于社会法律思想范式，强调对古典自由主义法律范式的矫正，强调法律必须从古典自由主义时期那种形式主义中走出来，适应社会变革，法律应该成为推动推动社会进步的积极工具；1945—2000 年则是第三波法律全球化，属于新自由主义范式全球运动，核心是美国法的全球化。考虑到我国法理法哲学领域也出现了一股强劲的批判法学思潮，肯尼迪的分析对于我们的法科学生全面理解批判法学理论的历史语境和它在中国的意义与可能的滥用均具有启发意义。

总体而言，本课程体系选择文献的标准是基于一个法教义学、法史学与法哲学三位一体的体系化法学方法论，围绕这三个维度围绕选择类型化的文献、构成类型化的文献群，形成比较系统的入门阅读目录。这既建构起一个基本知识框架，但又不是固定僵化的，每年还可以根据具体情况进行调整或填充。

（三）方法论课程专题体系化教学对学生的阅读量要求较高

德国思想家卡尔·雅斯贝尔斯曾经指出，有三件事情是大学期间必须要做的：职业训练、整全的人（the whole man）的教化和科学研究。[2] 从这种理念着眼，理想的法学方法论课程教学也应当致力于让学生在上述三

---

[1] 法律家思维与哲学家思维之间存在内在道德联系，是德沃金整个法律解释理论体系的内在脉络之一，但他关于这个问题最直白的分析，参见［美］罗纳德·德沃金：《我们的法官必须成为哲学家吗？他们能成为哲学家吗？》，载《清华法学》（第 5 辑"法律思想与人文语境"研究专号），付蔚冈、周汉华译，清华大学出版社 2005 年版，第 32～45 页。

[2] ［德］卡尔·雅斯贝尔斯：《大学之理念》，邱立波译，上海世纪出版集团 2007 年版，第 67 页。

个方面均有所收获。这就必须督促推动学生跟着教师一起展开富有问题意识的专题阅读。

客观而言，上述专题化与体系化的教学对学生阅读的数量与质量均提出了较高要求，同时也能提升学生撰写文献综述的能力。第一，这门课需要学生每周完成规定数量的文献阅读任务，并进行科学的文献综述和评析。这个环节主要发挥两个教学功能：一是促使学生掌握范畴体系、明白问题脉络，比如，学生是要就特定个案裁决写论文进行分析，还要分析一般法学理论争论，前者涉及决疑术思维，后者涉及体系性思维；二是要求学生学会用富有专业底蕴的文字表述专业问题解释专业现象。这个环节要求法科学子要逐渐知道在法律人的职业生涯中，无论法官检察官还是律师都不能用个人化、情绪化的语言写作，学术论文与法律文书的语言要有专业底蕴和严格的规范要求。

第二，要求学生在某一个部门法领域或某一个理论法学领域，具有问题意识、分析问题症结、提出解决问题的法律方案，并形成正式论文的逻辑结构，展开法律家思维指导下的法律论证。这个环节主要是训练学生将所思所想形成文字的能力。他们在发现、阐述和论证问题的过程中会遇到很多问题，会更具体而生动地领会何为法律的规范性、历史性、哲学性和政治性。学生们反映这个课程体系知识容量与知识的密度都很大，文献也极具吸引力、挑战性与代表性，他们体会到法学学习原来是如此有深度而有趣，这个课一个月下来他们的阅读量相当于他们平时四个月的阅读量等，这些反馈意见也正向激励我作为教师要尽自己最大的努力继续去完善这个专题教学体系。

四、结语：抓住法学研究与法律教育的魔鬼三角

总结这七年来法学方法论课程的授课意图和教学目标，就是想尽一切办法，让本科生全面理解法学是一门博大精深的实践科学与精神科学，学习与研究法律的人一定要知道法学中存在一个"魔术三角"——这也是德国法上非常经典的一个方法论概念：即由历史、哲学与现行实证法构成的法学魔术三角。法律家一定要有历史性的视野、要有伦理与道德哲学方面

基本的素养和敏锐意识。

概言之，让我们的学生深知两个要点：一方面法律人的思维方式是独特的，它必须受制于实证法律规范的约束和限制；但另一方面，法律人的思维又应该具有历史性和哲学性，法律家在处理法律实践与经验问题时面临的争议经常具有历史性、哲学性和政治性，但法律人需要在现行法的约束下处理解决这类问题。

整个方法论课程体系的目标是，让学生知道法律家思维方式具有多维性：法律既有规范性的实证性的面相，同时语言的特质决定了法律本身又具有阐释的哲学的面相。法律家一定是既有法条知识又有法条之外的深刻思想的人，一定是对哲学、社会学、政治学、经济学等人文社科理论开放胸怀的人，一定是对中西方两个伟大传统中的经典知识开放胸怀的人。不仅仅因为这些知识具有概念法学、教条主义法学不具备的智识优势，而且在专业上，它们会帮助我们更深刻地理解现代法治的机制原理，更好地理解中国法制进程中的各种制度、事件与现象。更重要的是，在更高的层面上，这些知识是形成一个人价值判断与价值论证能力所必需的。

影视文学的教学案例分析

——以《午夜巴黎》中的美国人形象与怀旧为例*

潘　珊**

一、引言

《午夜巴黎》是美国导演伍迪·艾伦（Woody Allen）执导的影片，该影片于 2011 年上映。《午夜巴黎》无论是人物还是场景都展现给观众两个别样的巴黎——20 世纪的午夜巴黎与现代的白日巴黎。20 世纪 20 年代的午夜巴黎，文人墨客云集，艺术家齐聚，上演着一场场文化的盛宴，是一段艺术的黄金年代；而 21 世纪白日下的巴黎则似乎更多了几分浮华和躁动，成了一个典型的消费文化时代。

观众随着主人公吉尔·彭德（Gil Penter）的视角，穿梭在白昼与黑夜这两个迥然不同的巴黎之间。然而，在这种时空的交错之中，我们感受到的除了巴黎前世今生的转变之外，还有浓浓的怀旧气息，这些借助在巴黎逗留的美国人的视角得以展现，而在这种展现中，当代中上层社会美国人的消费观与影片怀旧题材的与众不同之处都得以体现。

＊　本文系作者 2017 年中国政法大学校级青年教师学术创新团队项目"德治与法治"（18CXTD06）的阶段成果。

＊＊　潘珊，中国政法大学人文学院讲师。

为便于后文对影片展开论述，现将《午夜巴黎》的剧情梗概简要介绍如下：该片讲述了一位美国文人陪未婚妻一家来到巴黎的种种遭遇。男主角吉尔是一位正在迈向成功的好莱坞电影编剧，一位梦想成为伟大作家的美国人。他的未婚妻伊妮兹（Inez）出身富裕家庭，因为多金的准岳父母要来巴黎谈生意，他也借机随同前往。在巴黎，伊妮兹整日忙于购物和与朋友寻欢作乐，吉尔则喜欢在雨中漫步，为正在撰写的小说寻找灵感。一天晚上，被未婚妻撇下的吉尔独自徜徉于巴黎街头，迷路的他在午夜钟声敲响时意外搭上了一辆老爷车，并由此被带往时光倒流的 20 世纪 20 年代的巴黎。在那里，他邂逅了菲茨杰拉德（Fitzgerald）、海明威（Hemingway）、斯坦因（Stein）、T. S. 艾略特（T. S. Eliot）等令他崇拜的文学大师，还有毕加索（Picasso）、达利（Dalí）等艺术大师。在影片的结尾，吉尔与未婚妻分了手，决定留在巴黎。

影片开始是巴黎街景的蒙太奇，从凯旋门到圣心教堂，再到男女主人公在湖边的亲吻，随着画面的远移，一幅酷似莫奈的《睡莲》的风景呈现在我们眼前。阳光、雨水或暮色中的巴黎总能让人一见倾心，这是一座与浪漫毗邻，与艺术同居的城市。在白天，我们随着吉尔穿梭在凡尔赛宫、罗浮宫、罗丹美术馆等高雅的艺术场所，午夜来临时，才是真正的奇异旅程的开始。在巴黎的白昼与黑夜之中，艾伦营造了两类截然不同的美国人的形象。

二、影片中的美国人在巴黎

艾伦在《午夜巴黎》中不仅塑造了现代社会形形色色的在巴黎的美国人形象，他还同时呈现出 20 世纪 20 年代来到巴黎的海明威、菲茨杰拉德夫妇、斯坦因以及美国爵士乐大师——波特（Porter）等杰出人物的形象。前者的人物形象借助后者得到了跨越时空的凸显与呈现。

（一）白日巴黎中的美国人形象

在《午夜巴黎》中，吉尔的未婚妻伊妮兹和她富有的父母构成了一种类型的美国人，他们到巴黎来的主要目的是消费和娱乐。伊妮兹因为父母来巴黎谈生意的关系而随同前往，影片中的她终日无所事事，寻欢作乐。

她不是购物就是跳舞，不是参加酒会，就是去美容院。她的母亲对巴黎的艺术文化似乎全无兴趣，身在巴黎的她依然去电影院看美国电影，而且看过就忘。她的父亲也将在美国的社交习惯照搬来了巴黎，打高尔夫、陪妻女看电影和吃饭。伊妮兹的母亲最常挂在嘴边的就是用来讽刺准女婿的"便宜货就是便宜货"，仿佛"低价物品本质上是不光荣的，是生来无价值的"[1]，即"低价无好货"。在她看来，物品的魅力就在于其高价，"某一物品既然具有光荣的高价特征，就令人觉得可爱，而由此而来的快感，却同它在形式和色彩方面的魅力所提供的快感合二为一，不再加以区别"[2]。所以，当她与伊妮兹和吉尔逛古董店时，面对一款要价 1.8 万欧元的木椅时，母女俩都啧啧赞叹这件商品之"美"，她们的理由是这件商品很漂亮，而且在美国根本找不到，而一旁的吉尔却大煞风景地直言其标价的荒谬。另一个有趣的例子是：吉尔为了向准岳父母吹嘘自己的博学，引用了海明威将巴黎称为一场"流动的盛宴"（a moveable feast）的经典比喻，而他的准岳母却说："就这交通，没东西动弹得了。"这一简短的对话首先解构了海明威那部描写巴黎的名作的标题，在海明威看来，巴黎的"流动的盛宴"主要是"文化的盛宴"，因为他在《流动的盛宴》中描写的主要是他与各式文人墨客的交往。但是，这一比喻在这位准岳母那里不仅没能产生任何共鸣，反而被认为是毫无意义的。而且，她还进一步将"流动"指向巴黎的交通，并用她那美国式的快速高效的准则来衡量巴黎的交通状况，言语中流露出不满与不屑。这一喜剧性的片段不仅表现出这位准岳母的无知，也体现出她所奉行的美国消费社会的"时间至上"的价值观。

对于伊妮兹母女而言，巴黎的全部魅力似乎就在于这里的奢侈品，满足了她们炫富的偏执需求。正如法国社会学家布尔迪厄（Pierre Bourdieu）所言："选择物品和消费可以为我们提供微妙的线索，确定社会等级的性

---

〔1〕 ［美］凡勃伦：《有闲阶级论——关于制度的经济研究》，蔡受百译，商务印书馆 1964 年版，第 113 页。

〔2〕 ［美］凡勃伦：《有闲阶级论——关于制度的经济研究》，蔡受百译，商务印书馆 1964 年版，第 96 页。

质和一个文化内部的权利。"〔1〕对伊妮兹母女来说，消费行为早已不再是具有消极意义的满足衣食住行需要的行为，而是一种积极的身份建构方式，是文化意义上的消费、符号消费，即"操纵符号的系统化行动"。〔2〕她们借此体现自己的社会地位与身份，因为"物品在其客观功能领域以及外延领域之中是占有不可替代的地位的，然而在内涵领域里，它便只有符号价值，就变成可以多多少少被随心所欲地替换的了"。〔3〕从这个意义上讲，伊妮兹母女来到巴黎的目的是借助符号消费彰显自身的尊贵与荣耀。由此可见，伊妮兹母女代表的是这样一类富裕的美国人，他们"对物品所注意的是它所具有的浪费性标志，对一切物品所要求的是它们能够提供间接的或歧视性的某种效果"。〔4〕这也多少解释了吉尔在准岳母和未婚妻那里会受到百般数落和鄙视的原因。

与伊妮兹母女相似的是以富有商人形象出现的父亲约翰，他经常与准女婿吉尔讨论政治，但两人因政见相左，每每不欢而散。影片开始不久，在一次用餐时，约翰就说："对与法国公司的合并，我感到非常高兴，但除此之外，我完全算不上是一个'法国迷'。"这时，在一旁的准岳母接着说这是因为"约翰讨厌他们的政治，显然他们从来就不是美国人的朋友"。身为作家的吉尔，对法国、对巴黎都有着高度的认同感，所以他站出来为法国辩护道："但你不能责怪他们不愿跟着我们和布什一起去伊拉克冒险。"不过，约翰对准女婿这番话显然没有丝毫认同，他出于礼貌没有反唇相讥，而是向吉尔投去空洞而严肃的眼光，以示自己对他言论的鄙视。其实，准岳父对布什的拥护体现出他所代表的中上层阶级的利益的拥护。作为共和党的拥护者，他很清楚美国发动伊拉克战争的目的是转嫁经济危

---

〔1〕　转引自毛凌滢：《消费伦理与欲望叙事：德莱塞〈美国悲剧〉的当代启示》，载《外国文学研究》2008 年第 3 期。

〔2〕　[法] 让·波德里亚：《消费社会》，刘成富、全志钢译，南京大学出版社 2000 年版，第67页。

〔3〕　[法] 让·波德里亚：《消费社会》，刘成富、全志钢译，南京大学出版社 2000 年版，第71页。

〔4〕　[美] 凡勃伦：《有闲阶级论——关于制度的经济研究》，蔡受百译，商务印书馆 1964 年版，第114页。

机以及掠夺石油，而这场战争的受益者正是以他为代表的金融资本家。因此，拒绝参与攻打伊拉克的法国才成为这位老共和党人眼中的"敌人"，很显然，后者所代表的利益与价值观与他的格格不入。此外，准岳父对布什总统的拥护也反映出他在政治上的保守态度，而这种保守正是他所代表的中上层阶级的特点。因为他们对现状已经十分满意，并且知道任何改革可能引起的骚动与混乱都是对他们既得利益的潜在威胁。[1]

无独有偶，伊妮兹的朋友保罗（Paul）是此类美国人的又一代表。他受邀到索邦大学（La Sorbonne）教书，表面满腹经纶，饱读诗书，实际却是个徒有其表的假文人，套用吉尔的话说，他是个彻头彻尾的"伪知识分子"。在保罗携妻子与吉尔和伊妮兹一同参观罗丹博物馆时，保罗对着《沉思者》这座雕像侃侃而谈，说"罗丹（Auguste Rodin）有众多作品都受到他的妻子卡米尔（Camille Claudel）的影响"。这时，博物馆的女讲解员上前纠正他道："卡米尔只是罗丹的情人，罗斯（Rose Beuret）才是他的妻子。"这位"伪知识分子"顿时面露窘态，但还故作镇定坚持己见，认为是讲解员搞错了，这倒让伊妮兹认定是讲解员搞混了罗丹的妻子和情人的姓名。在影片中，保罗在不同场合多次炫耀自己"渊博"的学识，比如他在伊妮兹父母举办的酒会中卖弄自己高超的品酒能力；在美术馆，他对印象派和野兽派的绘画讲着自己空洞的理解。在他的种种表现中，我们看到的是一个卖弄学识的浮夸文人的形象。这位教授注重的是古典的或徒有其表而不切实际的学识，而不是与社会生活有关的任何实用技能与科学；他更关注荣誉、功绩、名望与地位，而非真正的学识。《午夜巴黎》并没有充分展现保罗的巴黎生活，但是通过伊妮兹经常与他郊游、参加舞会等活动，我们很容易产生这样一种印象：这位大学教授似乎生活得颇为闲适，而他的一切消费方式都是建立在"按照传统的礼仪标准与德行标准进行的对真善美的欣赏和享受"。[2]作为一位人文学者，他所坚持的实际

---

〔1〕 参见［美］凡勃伦：《有闲阶级论——关于制度的经济研究》，蔡受百译，商务印书馆1964年版，第138~153页。

〔2〕 ［美］凡勃伦：《有闲阶级论——关于制度的经济研究》，蔡受百译，商务印书馆1964年版，第279页。

就"含蓄在'人是为消费世上的产物而生存的'那句老话里的观点"。〔1〕

与上述形象不同的是男主角吉尔,虽然他对未婚妻充满感情,但他还是清醒地意识到伊妮兹与她的家人的势利和浅薄。在影片开始时,他忍气吞声,敢怒而不敢言;到影片结尾处,他终于勇敢地与未婚妻分手,决定留在巴黎追逐梦想。吉尔对美国古板、势力的社会氛围感到厌恶,他转而逃到欧洲去寻求灵感,同时也借此挣脱由"伦理道德"构成的"枷锁"的束缚。受够了未婚妻及其一家的庸俗与虚伪的吉尔做出留在巴黎的最后决定,这不仅意味着他与未婚妻一家的决裂,也意味着他与美国上层社会弥漫的浮华与虚伪之风的决裂。

(二)午夜巴黎中的"迷惘的一代"

相比这些 21 世纪来到巴黎的充满铜臭味的美国人,吉尔穿越到的 20 世纪 20 年代的巴黎则聚集了一批才华横溢而生活潦倒的"迷惘的一代"(the lost generation)。斯坦因的客厅成了这些文人墨客的聚会之所,他们中的大多数都并不富有,但醉心文艺。比如"硬汉"海明威,穿着邋遢,晚上坐在廉价的街头酒馆会友、创作;捉襟见肘却依然整日流连于奢华的社交活动中,尽情享乐的菲茨杰拉德夫妇;还有醉心收藏的斯坦因在客厅里宴请她的文艺圈朋友。正如海明威在《流动的盛宴》中所描述的那样,他本人、他的朋友菲茨杰拉德夫妇以及庞德(Pound)都是因为经济原因选择到巴黎躲避财务纠纷,因为就生活水平而言,巴黎的生活开销要远低于美国。〔2〕事实上,《午夜巴黎》中描绘的场景在相当程度上借鉴了《流动的盛宴》,两者也因此形成一种"互文性"(intertextuality)。可以说,影片中的一些文人墨客是海明威笔下人物的影像复现,他们迷惘而不失真诚,颓废而依然醉心创作。与那些 21 世纪的美国同胞相比,后者的庸俗与浅薄更显露无遗。

可以说,《午夜巴黎》生动地塑造了两个时代的巴黎美国人形象,而与 20 世纪在巴黎的美国人相比,这些 21 世纪的"富裕"后代并没在文化

---

〔1〕 [美] 凡勃伦:《有闲阶级论——关于制度的经济研究》,蔡受百译,商务印书馆 1964 年版,第 279 页。

〔2〕 C. f. Ernest Hemingway, *A Moveable Feast*, London: Arrow Books, 2004.

艺术上超越前辈，反而在浮华与奢靡上远远赶超了前人。我们在影片中看到的伊妮兹一家及其朋友保罗的古板、庸俗与势利，都是处于消费社会前沿的美国上层社会人士的心态与价值观的生动展现。

三、《午夜巴黎》的怀旧与消费社会的怀旧电影热潮

呈现 20 世纪 20 年代浪漫至极的影片《午夜巴黎》无疑是怀旧的，这种怀旧体现在影片人物、"穿越"情节的设置、背景音乐、场景设置以及画面色彩等多个方面。

（一）电影中的怀旧手法

男主角吉尔意外闯入了 20 世纪的巴黎，由此跻身以斯坦因为核心的文艺圈中，并在那里遇到了许多文化名人。在情节上，男主角吉尔除了从现代到 20 世纪 20 年代的穿越之外，他还跟随毕加索的情人阿德里亚娜（Adriana）从 20 世纪穿越到了 19 世纪的巴黎，并由此结识了高更（Paul Gauguin）、德加（Edgar Degas）、塞尚（Paul Cézanne）和劳德雷克（Henri de Toulouse-Lautrec）等艺术家。影片的背景音乐主要来自科尔·波特（Cole Porter）的作品，他那风趣浪漫的爵士乐曲也为该片增添了几分怀旧色彩。20 世纪巴黎街头的酒馆、红磨坊等场景的设置也将我们推向那浪漫而放荡的花都。除此之外，在展现午夜巴黎的魅力时，影片中相当一部分的摄影是蜂蜜色的，有着一种泛黄的甜蜜。所以这一切都仿佛将观众带回了 20 世纪乃至 19 世纪的巴黎，令我们醉心不已，然而，这真的就是《午夜巴黎》希望带给观众的观影快感吗？导演艾伦又是否是在迎合消费社会中日益受到青睐的怀旧影片潮流呢？

（二）怀旧的能指与消费的所指

《午夜巴黎》中的巴黎看上去好像把我们带回了过去的巴黎当中，但正如詹明信（Fredric Jameson）所言，它并不能真正捕捉到那段"真实的历史"，而仅仅是一种对过去的模仿与戏谑。[1]这种模仿来自片中蜜色的画面与背景音乐这些视觉表象（比如载着吉尔穿越到过去的老爷车、科尔

---

〔1〕　参见姜申：《电影怀旧与消费社会》，载《电影艺术》2008 年第 6 期。

的爵士乐、20 世纪的巴黎时装等），它们就好像能指符号一般，指向 20 世纪那个文人雅士云集的巴黎。于是这个过去的巴黎在电影中成了一个可供消费的所指意象，观众也在有意或无意中"消费"了这段历史的表象。[1]

1. 开放的时空与观众的"参与"

作为一位特立独行的美国导演，此前艾伦的多部影片一向是"墙里开花墙外香"，即在美国本土好评寥寥，而在欧洲颇受追捧。然而，《午夜巴黎》却一反常态，在美国本土收获了超出以往的关注度。与艾伦此前的多部文艺片相比，《午夜巴黎》的受众似乎更为多样，其中除了艾伦的拥趸者外，还有广大的文艺爱好者与醉心巴黎这座时尚之都的人士。

这种反差固然与导演个人兴趣与选题喜好的转化有关，然而，我们也不可否认其中隐藏的更深层的原因。一方面，作为怀旧片的《午夜巴黎》提供了更为开放的情节设置与结局，当观众看完此片后，男主人公的去向未定，而两个时空的众多人物何去何从也是未知的，这就为读者预留了充足的个性思考空间和自我解读与创造性理解的余地。

另一方面，作为怀旧片，《午夜巴黎》的电影叙事手段徘徊在真与假、虚与实之间，是一种模糊与折中，它既不像风景片或纪录片那样用纯粹客观的镜头语言记录巴黎的现实境遇，也不像历史剧或科幻剧那般具有绝对的虚构色彩与对历史的主观想象。可以说，《午夜巴黎》中的怀旧更易唤起观众对黄金时代的巴黎的自主回忆与构拟，它带给观影者的不仅是引人入胜的爱情故事，借助对巴黎历史的、色彩斑斓的、表象的重现，它还营造出一个足以以假乱真的黄金时代的巴黎幻象，也借此将观众带入对这段历史的个体经验中去。在这一过程中，导演无疑会起到引导作用，但是观者的参与性同样得到了强调。而且，这种"参与"远非一般意义上对导演意图的"机械式"接纳，而是一种渗透了观影者的个体经验的主观接受与共鸣，此二者的区别在于：前者把导演的初衷与影片的立意看作是至高无上的、永恒的唯一；而后者却将影片甚至历史背景放置于观影者的接受过

---

[1] ［美］詹明信：《晚期资本主义的文化逻辑：詹明信批评理论文选》，张旭东编，陈清侨等译，生活·读书·新知三联书店 1997 年版，第 408~411 页。

程之中，并由此产生多样化、个性化和自由化的理解与阐释。[1]正如诠释学大家伽达默尔（Hans-Georg Gadamer）所言："'真理'存在于对艺术的参与性体验之中……它是由作品实现的、并被参与其中的读者所接受和影响了的现实显示。"[2]就观众而言，这种个体的"怀旧体验"正是对"读者接受"的一个直接实践。

从这个意义上讲，我们今天所处的影视文化语境也隶属于"消费社会"的环境之下，这种归属并非简单地因为电影市场与商业电影及其票房的相互倚重，也不仅仅出于观众对光影的"消费"，而是由于消费文化对观众（消费者）及其接受、参与和反馈的日益关注，这也是"个性"与"多元化"得以生根发芽的根本原因。于是，法国后现代理论家波德里亚（Jean Baudrillard）才认为，消费社会的根本特征在于个性与差异。[3]那么，这种"个性"和"差异"从何而来呢？它恰恰来自观众的个体"怀旧体验"，正因为如此，我们才看到如此大规模地、大众化地将"怀旧"作为观众的个性经验进行加工处理的运用模式，这恐怕是在前消费社会中令人难以想象的。

2. 嵌套的穿越与怀旧的陷阱

但是，《午夜巴黎》与同类题材的"穿越剧"与广义上的"怀旧"影片相比，有着它的与众不同之处。从影像叙事的时空层次来看，这部影片的观看视角是层层推进的：观众的注视是最外围的一层，我们又透过男主角吉尔看到了 20 世纪初巴黎酒馆中的文人墨客，这是第二层；而处于第二层中的阿德里娅娜又带着吉尔走入了 19 世纪的巴黎，这是又一层的穿越与注视。当阿德里娅娜告诉吉尔自己决定留在 19 世纪时，我们可以推想很可能 19 世纪中的某个人又会穿越到更早的时空中。正如吉尔听到这个决定后所做出的应答那样："时空穿越是一件棘手的事情，你只能选最好的。那个年代很多妇女因难产而死，很多人死于结核病，如果你去看牙医，他们的

---

[1]　参见姜申：《电影怀旧与消费社会》，载《电影艺术》2008 年第 6 期。

[2]　转引自王岳川：《后现代主义文化研究》，北京大学出版社 1992 年版，第 49 页。

[3]　参见［法］让·波德里亚：《消费社会》，刘成富、全志钢译，南京大学出版社 2000 年版，第 80~88 页。

钻子足以活活疼死你。但是想到那里有童话般的马车、香槟……我还是很乐意时空穿越的。来到美好年代的巴黎，漫步在香榭丽舍大街上，路过卖明信片、纪念品的小亭子，这个画面实在是太美丽了。"这样，导演艾伦实际上借助主人公之口道出了这种怀旧的"陷阱"，因为现实的可怕，我们向往穿越，似乎这样就可以回避现实中的种种痛苦，但穿越之后呢？如此，影片里"穿越中的穿越"和"巴黎中的巴黎"都为现实赋予了这样一层深意：完美是不存在的，它只存在于我们的幻想和想象之中。

3. 对传统怀旧电影的解构

不论是今天还是历史，不论是黄金时代还是失落的一代，巴黎的浪漫都并非禁锢在对逝去时光的悲叹缅怀之中。恰恰相反，它是现在时的，正如片中斯坦因对吉尔所言，"我们都惧怕死亡，对自己在宇宙中的位置迷惑不解，但一个艺术家的角色并非向绝望低头，而是寻找对抗空虚存在的解药。"导演艾伦也在一次访谈中谈到自己对"怀旧"的看法："人们总是以为自己生活的时代糟糕透顶，总以为如果能够回到过去，自己会更快乐。但在我们如今认为是身处黄金年代的那些人看来，他们当时所处的世界同样是苍白无力的。"[1]所以，在影片结尾，吉尔走出了与阿德里娅娜共同闯入的黄金时代，选择了我们的时代。由此可见，这一结尾是对传统意义上的怀旧影片的一种解构。与此前的众多怀旧影片单一的过去时叙事轴相比，艾伦的《午夜巴黎》不仅拓展了过去，而且延伸到了现在。他给予影片的叙述视野以更为广阔的纵深，并在现实与过去的交织与切换中为过去"祛魅"，让故事外的观众在现实与过去的短暂抽离中对两者增加了几分理性的思考。

四、结论

作为一部以巴黎为题的电影，《午夜巴黎》借助美国人的视角讲述了巴黎这座浪漫之都的前世今生。该片塑造了几位中上层社会的美国人形

---

〔1〕 朱炜：《伍迪·艾伦：纽约客在巴黎相逢"爵士时代"》，载中国日报网，http://www.chinadaily.com.cn/hqyl/dyneidigangtai/2011-06-02/content_2800583.html，最后访问时间：2011年12月10日。

象，将处于当下消费社会前沿的美国上流社会人士种种虚伪、庸俗的嘴脸刻画得淋漓尽致。与此同时，作为一部将"多元化"与"个性"巧妙摄于一身的影片，《午夜巴黎》所采用的怀旧题材也在一定程度上"迎合"了当下广受追捧的怀旧与穿越题材的电影主流叙事模式。然而，导演艾伦并没有沿用怀旧电影的一般套路，而是通过对其戏谑，嘲讽并解构了传统意义上的怀旧片叙事模式。一方面，他巧妙地营造出回避了现实中的种种痛苦与弊端的梦幻般的巴黎黄金时代，另一方面，他又借主人公吉尔之口指出这种怀旧的"陷阱"，为我们对过去与未来的幻梦"祛魅"。

人民调解员胜任力特征的理论建构及其教育启示 *

王国芳 樊 培 蒋晨逸 郭 山 **

人民调解是我国新型社会治理模式的实践形式之一，在解决民间纠纷和基层的矛盾冲突中起了巨大作用。但总体来看，人民调解员的队伍是参差不齐的：这不仅体现在从业人员年龄上有较大差异，从二十多岁到五六十岁不等，更重要的是体现在专业技能、工作经验和工作绩效上。从基层工作者的专业背景来看，有法学、社工等科班出身的，更多的是高中毕业在实际工作中成长起来的，仅凭经验做事；工作效果更是千差万别。有一年处理几十甚至上百个案件的全国优秀人民调解员，也有仅仅挂着虚名，并未实际开展业务的工作人员。

良莠不齐的调解员队伍，与我们国家和政府对这项工作的重视程度不协调，也与这项工作的重要性不匹配。理论界常说：人民调解制度是一项具有中国特色的民间纠纷解决机制，被国际社会誉为化解社会矛盾的"东方经验"。人民调解员是人民调解制度运行的基础，在调解过程中处于公正善意、居中调停的地位。

* 本研究是北京市哲学社科课题"人民调解化解基层矛盾冲突的机制和策略研究"（15SHB018）的阶段性成果。

** 王国芳，中国政法大学社会学院心理学系教授。樊培，中国政法大学社会学院 2019 级犯罪心理学专业研究生。蒋晨逸，中国政法大学社会学院 2012 级应用心理学专业本科生。郭山，河北省保定市莲池区人民法院党组书记、院长。

对这个队伍的研究是有必要的。因此，我们提出通过观察人民调解的实际工作，访谈优秀的人民调解员，来探讨具有哪些特点的人更能胜任人民调解员工作。远期目标，是为人民调解员的录用、选拔和培训等提供理论支持，以提高人民调解员的整体素质，保障人民调解制度稳健运行。课题的开展过程主要由 2 名研究生和 3 名本科生参与。2 名本科生全程跟踪和参与了访谈，并在此基础上完成了本科毕业论文。学生在参与教师课题的过程中训练和提升了科研能力。

一、人民调解员职业胜任力的研究现状

斯宾塞（Spencer）教授指出，胜任力是指"胜任的条件或状态"，是工作对个体的要求。目前，学界尚未给出关于人民调解员职业胜任力特征（亦称"胜任特征"）的确切定义。

在广泛阅读有关文献、参考访谈记录等材料的基础上，本文对人民调解员职业胜任力特征做出如下定义：人民调解员职业胜任力特征是指人民调解员为取得高绩效水平的工作所必须具有的潜在、深层和较为持久的个体特征。人民调解员胜任力特征模型是指承担人民调解员这一职位角色所应当拥有的胜任力素质之集合。

国内的人民调解实践工作早在革命根据地时期就已展开，但对调解的理论研究却不尽完善。早期研究多集中在法学领域，是对人民调解进行自上而下的理论探讨，侧重于人民调解制度本身的构建和立法，或者是人民调解制度的发展与再完善。而对人民调解实践却涉足甚少，特别是有关人民调解员具体能力特征、素质要求等方面，目前很少有理论研究可资借鉴。

职业胜任力特征研究是管理心理学等行为科学领域的最新进展和前沿问题。目前，国外关于胜任力特征研究主要集中在三个方面：一是胜任特征对职业发展的作用；二是儿童、青少年社会胜任力特征；三是组织核心胜任力特征问题。随着组织行为学理念的引入，中国的胜任力特征研究初见端倪。我国有关职业胜任力特征的探讨发端于 20 世纪 90 年代，以中科院心理所时勘教授为首的课题组为代表，并在此后 20 多年内得到了长足的发展。已有文献表明，目前有关职业胜任力特征方向的研究数量繁多，但

绝大多数是对职业胜任力理论本身的建构分析或者以就业求职、创业胜任力、教师培优、技能人才选拔、营销行业和公务人员培训与选任等当前主流热门课题为研究对象，而很少涉及社会工作和司法、准司法领域，或者仅仅是大体上的概述，基本没有专门针对人民调解员职业胜任力特征结构的理论探讨。

二、当前人民调解员的配备与人员素质特征

为了解当前北京地区人民调解员的整体配备与素质状况，我们在昌平区进行了调查和分析。通过对从昌平区司法局获得的数据进行分析，截至2016年1月，北京市昌平区共有631个不同层级、不同组织形式的人民调解委员会和3588名调解人员。其中，镇、街一级人民调解员有193名；村、居（社区）一级有2976名，是人民调解的主要组成部分；企业、事业单位调解委员会有人民调解员152名，以及173名专门从事物业调解的人民调解员和9名专职诉前人民调解员，其他在工会、派出所、企业联合会的人民调解员共85人。在人民调解员的招录中，具有一定心理学和法律知识，特别是受过专门法学教育的应聘者将得到优先录取。但现实中，取得心理学或法律专业资质的人往往不愿从事基层工作，人民调解工作难以吸引专业人才，也造成了人才的流失。实践中，人民调解员的选拔呈现多元化的趋势。农村、社区的人民调解员一般从两委[1]（党支部和村、居委会）委员中选任，村、居（社区）一级人民调解委员会主任往往由村、居委会主任兼任。与此同时，公安、社保、医疗等部门中适合做调解的人员大多也纳入当地人民调解员编制。

在人民调解各级组织形式中，村、居（社区）一级人民调解委员会的人员结构最不稳定，缺乏相应的专职人民调解员。村、居（社区）一级调解员基本都是兼职，大多由村、居委会主任或者治保主任、支部书记等兼任。这导致农村和社区调解委员会人员流动性大，调解队伍无法实现专业

---

〔1〕 农村"两委"是指村党支部委员会和村民委员会；社区"两委"即社区党支部委员会和社区居委会。

化、专职化。随着村、居委会的换届，兼职调解员也因此离职和更换，人民调解委员会的人员结构发生较大变动，使得前期对人民调解员的选任、培训等投入与产出不成正比，有时甚至会出现无人接手调解工作的尴尬局面，对基层人民调解工作的顺利开展造成了很大制约。

在文化程度和专业性方面，我国调解人员存在学历相对较低、难以专业化等问题。北京市昌平区司法局提供的数据显示，2015 年度昌平区人民调解员的文化水平绝大多数是高中、中专和大专（共有 2266 人），约占调解员总人数的 64.47%；初中及以下学历的人民调解员有 583 人，约占总数的 16.59%；本科及以上学历的有 666 人，约占调解员总数的 18.95%。

从调解人员的年龄结构来看，昌平区人民调解员大多处于中年期，年龄在 41 岁以上。截至 2016 年 1 月，北京市昌平区对 3516 名调解员的统计显示，41 岁及以上年龄的调解员共有 2582 名，占当地人民调解员总人数的 73.44%；31 岁至 40 岁的调解员有 689 人，占比 19.60%；而年龄在 30 岁及以下的调解人员只有 245 人，仅占总人数的 6.97%。

当前，人民调解处理的纠纷类型主要有：①房产纠纷，如房屋买卖合同纠纷、房屋租赁纠纷等；②物业纠纷，如物业公司不作为纠纷、业主拒交或者少交物业费等；③消费纠纷，如消费者维权；④商业合同纠纷，如买卖合同、承包合同纠纷等；⑤劳动争议；⑥遗产、房屋继承纠纷；⑦家事纠纷，如家庭矛盾、夫妻关系问题等；⑧邻里纠纷，如邻里间打架斗殴、相邻关系紧张等，这是传统的纠纷类型，近年来虽有衰减趋势，但依然占据着纠纷总量的一定比例；⑨征地拆迁，如房屋拆迁、土地征收的补偿、安置问题。

随着社会经济的发展，传统民间纠纷，如家事纠纷和邻里纠纷等的发生量呈现逐年递减的趋势，渐渐淡出人民调解的视野，新型纠纷如消费纠纷、房产纠纷、征地拆迁问题和物业纠纷等日益成为人民调解的主要内容。

三、人民调解员胜任力特征理论模型的建构

(一) 调查过程

调查主要在北京市昌平区和西城区进行。分开放式问卷调查和访谈两种形式。首先，在隶属不同调解组织的人民调解员中发放调查问卷 25 份，找出人民调解工作中的共性问题，验证前期在昌平区的调研结果。其次，深度访谈 10 名富有经验的人民调解员，同时收集一些由他们经办或推荐的典型调解案件作为案例研究的依据。综合考查其调解成功率、调解纠纷数量、从事调解工作的年限等，将人民调解员分为"优秀组"和"普通组"。依据《胜任特征编码词典》、胜任力特征理论、人格特质理论等对访谈记录分别编码和频次分析，形成人民调解员胜任力结构特征。在这一过程中，从访谈提纲的拟定、实地访谈、整理录音并编码等过程由两名本科生和一名研究生共同完成。参与课题的学生掌握了质性研究的具体操作流程和编码要求。

(二) 调查对象

调查问卷和深度访谈的对象均是来源于农村、社区，乡镇、街道一级的人民调解委员会的成员，以及法院的诉前人民调解委员会的成员，本次调查不包含企业、事业单位人民调解委员会（在总工会或企业联合会设立，主要负责各类劳动争议的调解）和专业行业人民调解委员会中的调解员（指在行业、社团组织组建的）。

(三) 研究工具

第一，《访谈提纲》。在访谈之前，我们以研究内容与目的为中心，参考相关文献编制了《访谈提纲》，主要涉及人民调解制度的现状与发展、调解人员的配备与素质、调解员的职业生涯、纠纷类型、数量与调解成功率、调解的主要方法、技巧、策略和特点、人民调解员的社会阅历与素质特征、实践经历与职业生涯、典型案例推荐等方面内容。

第二，《胜任特征编码词典》。本文采用 McBer 公司开发的《胜任特征编码词典》、胜任力特征理论、职业胜任特征模型、人格特质理论等对人民调解员的职业胜任力特征进行分析和编码。

（四）调查结果分析

按照访谈提纲和《胜任特征编码词典》等对访谈内容和典型案例进行整理和编码，得出了人民调解员的一般特征与职业素质，并按"优秀组"和"普通组"分别进行词频分析，然后整理归纳出以下具有较高一致性的胜任力特征频次，结果如表1。

表1　胜任特征频次统计结果

胜任特征	频次				
	优秀组	普通组	行政机关	合　计	差　值
社会支持与资源利用	18	6	1	25	12
主动性	3	3	1	7	0
人际理解力沟通	15	12	0	27	3
倾　听	9	3	0	12	6
宜人性	15	1	0	16	14
外倾性	1	0	0	1	1
尽责性	6	3	0	9	3
热　情	6	0	0	6	6
协助与服务导向	13	2	1	16	11
结果导向	4	3	0	7	1
思维能力（分析式思维、概念式思维）	12	3	0	15	9
语言能力	11	3	0	14	8
专业知识与技能	35	9	8	52	26
经　验	47	21	2	70	26
社会阅历	22	8	1	31	14
学习热情	8	3	0	11	5
知觉的客观性	5	1	0	6	4
灵活性	23	8	0	31	15
影响力	9	3	1	13	6

续表

胜任特征	频　次				
	优秀组	普通组	行政机关	合　计	差　值
主　导	4	1	0	5	3
自我概念	1	0	0	1	1
弹　性	2	1	0	3	1

在对访谈记录和典型案例进行编码、分析的基础上，结合上述频次分析结果，以及胜任力特征理论、人格特质理论等，本研究提出了人民调解员职业胜任力特征的理论结构。主要由以下 10 个方面构成：宜人性、倾听、经验、社会阅历、专业知识与技能、思维能力、语言能力、灵活性、社会支持与资源利用和协助与服务导向。在选取胜任力特征时综合考虑胜任力特征关键词频次在普通组与优秀组差异较大的项目以及关键词频次总和。

10 项胜任力特征的命名和定义如下：

表 2　胜任力特征的命名和定义

因　子	命　名	定　义
1	宜人性	又称"亲和力"，是人民调解员对纠纷当事人所持有的态度。宜人性高的人善解人意，待人友好、慷慨大方、乐于助人，愿意为了别人放弃自己的利益。
2	倾　听	是指人民调解员在对当事人接纳的基础上，认真、积极、关注地倾听，同时主动引导、积极思考、澄清问题、中立调停的过程。
3	经　验	是指人民调解员在长期调解实践中概括、总结、积累的，关于调解工作的认识、方法和策略等习惯行为模式，用以辅助调解工作的进行，提高调解速度和成功率。
4	社会阅历	是人民调解员对社会环境、社会事件和生活事件的经历和理解方式，也即"见多识广"。
5	专业知识与技能	是指拥有调解工作所必需的法学、心理学等特定专业信息及掌握和运用调解技巧、策略、方法等技术的能力。

续表

因 子	命 名	定 义
6	思维能力	包括分析式思维和概念式思维（洞察力）。是指正确、合理地进行思考的能力。
7	语言能力	是个体掌握、运用语言进行社会交流和沟通的能力。语言能力强的人能够将自己的意识、认知、态度和思维以语言的形式合理、妥当地表达出来。在人民调解实践中主要表现为"能说""会说"和"愿意说"。
8	灵活性	是指具有较快地适应不同环境，应对不同人格特征或偏好的当事人，并有效进行人民调解工作的能力。
9	社会支持与资源利用	是指来自各方面社会关系，包括父母、亲戚、朋友等给予个体的精神或物质上的帮助和支持系统，以及对各方面社会资源有效利用的能力。
10	协助与服务导向	愿意帮助或服务他人，满足他人需求，将努力的焦点放在发掘和满足当事人需要上。服务导向的人具有很强的奉献精神，乐于为大家服务，在帮助当事人解决纠纷的同时获得快乐与安慰。即所谓"赠人玫瑰，手留余香"。

综合而言，这 10 个特征可概括为三个方面，即情商、智商和社会商。宜人性、倾听、灵活性可划归情商的范围；专业知识与技能、思维能力、语言能力可视为智商的范围；其他如经验、社会阅历、社会支持与资源利用、协助与服务导向等可视为社会商。

四、胜任力特征在案例调解中的体现

为了验证上述理论维度的有效性，本研究选取了人民调解中的实际案例加以比较，发现不同性质的成功调解案例均可显示不同层面的胜任力特征。

（一）婚姻家庭纠纷

案情简述如下：

当事人是一对二婚夫妇，双方通过他人介绍结婚，女方带了一个 18 岁的儿子，男方带了一个 6 岁女儿。因男方长期存在酗酒、赌博和嫖娼等不良嗜好且经常夜不归宿，夫妻双方先后发生了三次纠纷。2011 年，男方酒后与妻子发生矛盾。妻子因体格较为健壮，遂将丈夫制服，没有受到大的伤害。2012 年，男方因赌博赔钱及长期嫖娼恶习，在凌晨醉酒回家后与妻子发生争执，持刀威胁要杀人灭口。凌晨 5 时许，当事人向人民调解员寻求帮助。调解工作在凌晨 5 时 30 分开始，并达成调解协议，男方撰写保证书。

第二次纠纷的调解方法和过程如下：

（1）尽责性。凌晨 5 时 30 分去当事人家调解。

（2）经验、专业知识与技能。杀人触犯《中华人民共和国刑法》，构成故意杀人罪，最高可处死刑；酗酒伤人、赌博、嫖娼违反《中华人民共和国治安管理处罚法》，应处以行政拘留。最终，男方给妻子写保证书，达成调解协议。

半年后，男方酗酒后再次殴打妻子。凌晨 1 时许，妻子向村委会人民调解员寻求帮助。很快，调解在村委会、派出所、村巡逻队和妇联等多方参与下进行。最后，夫妻双方达成调解协议，男方拟定《财产分割协议》，将男方的部分财产分予女方和儿子，并写保证书，经 6 方签字。此后，夫妻没有再发生过纠纷，矛盾最终得到解决。

第三次纠纷的调解方法和过程如下：

（1）宜人性。半夜 1 时，妻子向人民调解员寻求帮助。

（2）协助与服务导向。半夜，北流村巡逻队前去调解。

（3）社会支持与资源利用、影响力。按街坊关系男方称呼为叔叔的队员因这件事打了男方，男方不敢还手。

（4）社会支持与资源利用、社会阅历、影响力。上午 8 时，派出所、妇联主任共同参与调解。

（5）灵活性、经验。男方拟定《财产分割协议》，将 5 间房分给儿子，2 间房分给女儿，并写下保证书，经 6 方签字。

（二）借名购房纠纷

案情简述如下：

当事人是一对亲姐妹。2006 年，姐姐借妹夫之名购买经济适用房。双方约定，购房满 5 年后，在姐姐提出过户要求时妹妹必须无条件予以配合。

10 年后，房价从 30 万元涨到了 300 万元，当姐姐提出过户请求时，妹妹要求姐姐支付 90 万元作为房屋差价补偿款，而姐姐无力支付。最终，在（霍营）街道司法所人民调解员的中立协调下，双方达成调解协议，姐姐支出 5 万元作为对妹妹的感谢。

调解方法和过程如下：

对妹妹：（1）人际理解力沟通．毕竟是亲姐姐，有血缘关系和亲情，之所以没有起诉，内心里还是念及亲情。如果真的上诉，进入诉讼，亲情不仅将被全部打破，甚至姐妹还会成为仇人。既然当初就是为亲姐姐做好事，那还不如好人做到底，帮姐姐一个忙。

（2）思维能力、语言能力。换个角度，如果房子没有升值，妹妹还会有要求补偿的想法吗？而且，这房子过户给姐姐，并不会降低妹妹的生活质量，如此，还能维系好亲情关系，一举两得。

对姐姐：灵活性。姐姐应该支出 5 万元，作为对妹妹的感谢和补偿。

（三）邻里纠纷

邻居安装阳光棚，遮挡西邻采光，并引发安全隐患。邻居要求拆除。双方争执不下，找到居委会要求调解。

（1）协助与服务导向、影响力。居委会主任是这里的老居民，获得同意进屋勘察，发现邻居所反映的情况属实。安装阳光棚的一家干净了很多，采光也好，却给邻居带来了不便。

（2）宜人性。多次上门了解情况，分别沟通，讲清道理。

（3）灵活性。进行了灵活调解：安装阳光棚的一家将阳光棚拆除一部分，以不遮挡邻居采光为目标，同时也不至于有太大损失。

五、胜任力特征研究对人民调解工作的启发

第一，人民调解员职业胜任力特征是指：人民调解员为达到高绩效工作所必须具备的潜在的、深层次和较为持久的个体特征。人民调解员职业胜任力特征包含 10 个方面，分别是：①宜人性；②倾听；③经验；④社会阅历；⑤专业知识与技能；⑥思维能力；⑦语言能力；⑧灵活性；⑨社会支持与资源利用；⑩协助与服务导向。

第二，在人民调解员的录用、选任和培训中应着重参考上述 10 项胜任力特征，以提高调解员的整体素质，保障人民调解制度稳健运行。

第三，经验、专业知识与技能、灵活性是位列前三的胜任特征，这启发我们在选任调解员时要首先考虑有一定工作经验、年龄稍大的人担任。同时，法学、心理学等相关知识和调解技能的掌握也是非常重要的，所以对在职人员的专业化培训是必要的。

第四，在优秀调解工作中，情商和社会商远大于智商的作用，即接纳、共情、倾听的能力，以及服务意识、利用社会支持和社会资源的能力远胜过思维力和语言能力等智力因素。

六、胜任力特征研究对学生培养工作的启发

第一，科研能力培养的多元路径。对学生的培养可以有多个渠道和层次。除了课堂教学之外，课堂外学习和社会实践，参与教师的课题或自己主持创新创业课题等，都是非常重要的途径。对本科生而言，能够获得创新创业课题的机会并不多，能担任课题主持人的更是凤毛麟角，所以，参与教师的科研课题，是使其获得学术训练、培养科研能力的大好机会。

第二，科研素养的全流程培育。学生在参与教师课题的过程中，可以使书本上的知识活起来，切实掌握收集数据的方法、统计和分析数据的方法、撰写论文的要求和规范等。全程参与一项课题，是对学生科研素养的全流程培育。

第三，提升理论思维能力。课题问题的提出需要有一定的理论依据，并需要在数据分析的基础上进行新的理论建构。学生在参与课题的过程中，必须调动专业知识储备，并将之进行新的逻辑架构，形成新的观点和认识，从而使其理论思维能力得以提升。

第四，学以致用。本课题是偏应用型的研究，需要解决现实中的问题。学生跟随课题主持人，从文献研究中学习从法学、心理学、社会学等不同的学科视角分析问题，试图用科学的方法去解决现实层面的问题。学以致用，既激活了理论知识，又会反哺其学习。同样，教师的科研活动渗透到课堂教学中同样也在反哺教学。

第五，教学相长。学生的创造潜能是巨大的。尽管课题主题和整个研究设计是主持人完成的，但在研究的实施过程中，无论是访谈提纲的编写、访谈过程，还是因素的编码和命名等，参与的学生均提供了重要的参考意见，使师生双方获益，充分体现了教学相长的本质。

第六，激发学习的动力。在本研究中，我们发现，即使对于经验异常丰富的人民调解员来说，思维能力和语言能力依然是工作中的最基本能力，而经验、专业知识与技能、灵活性是位列前三的胜任特征。研究结果对于参与的学生有比较大的触动和启发，促使他们能够重视基础知识和理论的学习，同时强化了社会实践的需求。

教育与管理

Jiao Yu Yu Guan Li

高校行政管理信息化建设探究

王越驰 *

引　言

迈入 21 世纪的大门，我们也正式地走向了信息化的时代，高校作为引领时代潮流的前沿阵地，信息化开始向高校的行政管理机制渗透。信息化的主要表现是互联网的广泛应用，互联网依靠自身的高效性、便捷性等特点已经逐渐进入到了人们日常的工作和生活当中。我国高等院校的行政管理工作在近几年的发展中逐渐出现网络化、数字化的特征，对高校管理体制的全面改革起到了非常积极的推动作用。特别是在当今的信息化时代，高校的信息化建设逐渐成为校园管理的重点工作。在高校管理体系中，行政管理部门作为基础的职能单位，是教学科研发展的有力后备力量。然而，高校中的行政管理工作具有很强的复杂性，涉及的工作类别相对较多，协调的能力有限，再加上近几年国家对于教育事业的重视，各高校都在扩招，因此有必要在高校整体管理体系中进行信息化建设。[1]本文所要探究的是我国高校行政管理信息

---

　* 　王越驰，中国政法大学质量评估中心科员。

　〔1〕　王海燕：《基于信息化建设视角的高校行政管理策略研究》，载《中国管理信息化》2018年第 22 期。

化的现存状态，存在的问题及成因，以及信息化管理对于高校发展的重要影响，并且根据不同的发展问题提出建设性意见，为之后的高校行政管理信息化的发展提供借鉴。

一、高校行政管理信息化建设综述

想要实现高校行政管理的信息化，就需要对信息化建设有一定的概念基础，信息化建设从字面上可以理解为，将互联网作为基础，规划出具有信息化、数字化的信息网络，具有很强的便捷性、高效性和传播性，实现高校行政管理的信息化处理就需要将高校的行政工作作为实行的基础，并由此开展后续的研究发展。[1]受到当今信息时代的影响，高校行政管理也呈现出了更加多元化的表现形式，其中以信息技术为引导的管理模式，让教学科研，管理等信息能够实行不同部门之间的相互联系，速度越来越快，受众越来越广。在信息技术的引导之下，高校行政管理的工作模式也愈发地多样化，办公系统、在线教学、信息平台等纷纷涌现，极大地节约了高校行政管理的成本，同时提高了管理效率。相比较传统的行政管理模式而言，信息技术能够实现各部门之间的实时沟通，引导师生之间进行资源的有效共享，同时也能够让管理人员与师生之间构筑起沟通的桥梁。通过信息化的管理模式，高校行政部门之间实现了资源共享，加强了不同部门之间的联系，有效地提高了工作效率。

纵观我国高校整体情况，行政管理的信息化建设经历了一系列的过程，运营方式也有较大程度的转变，主要有以下几个方面的变化趋势：一是传统的管理方式被现代化管理模式逐渐替代。二是信息化建设经历了一系列的创新、重建、再造的过程，包括制度、基础设施、信息化资源及技术等。三是由应用转为渗透，即高校行政管理通过使用信息技术将对业务的应用转向对业务进行核心渗透这一过程。[2]四是高校的智力资源潜力巨大，需要被进一步挖掘以提高整体效益和竞争力。因此，高校的行政管理

---

〔1〕 杨宗义、金凤秋：《高校行政管理信息化建设的有效途径研究》，载《中国管理信息化》2017 年第 20 期。

〔2〕 何倩：《高校行政管理的信息化建设构想》，载《商情》2011 年第 6 期。

信息化建设需要对过程有根本性的转变。另外，高校行政管理信息化的方针在于内部潜力的发掘以及竞争力的提高。其中，知识创新体现了高校管理的现代化转变，高校行政管理信息化对于高校整体的管理模式起到了重大的推动作用。

以上均表明我国高等教育已进入信息化时代，高校管理信息化正在不断建设之中。

二、高校行政管理信息化建设的重要性

在当今的信息化时代大背景之下，学校的外部环境已经发生了翻天覆地的变化，所以高校自身也需要进行适当的管理调整。现下的一些高校在行政管理方面还有着效率低、资源严重浪费等现象，建设行政管理信息化可以有效地对此进行优化与调整。[1]结合上述提到互联网信息化发展的特点以及高校行政管理工作自身的特征，将高校行政管理的日常工作与信息技术有机结合，可以实现以下目标。

(一) 行政管理趋向智能化、规范化

作为现代生活的一项重要辅助管理手段，信息化技术同样也广泛应用到高校行政管理之中，管理人员通常通过网络平台开展工作，将部分工作进行数字化、智能化处理后，形成智能的信息化数据分析，极大地保障了行政管理工作在业务应用中的有效性。[2]另外，使用校园网络可以最大化地体现信息技术的作用和管理系统的优化，确保信息的整体收集，并有利于积极创新传统的信息处理方法。如建立和完善人力资源、财务、科研、教学管理等行政管理体系，并利用信息技术优化和修改数据资源，确保管理信息化的顺利实施。

(二) 是高校行政管理的必要手段

现代信息化技术手段在高校学生管理中的应用有效提高了教学管理的效率，同时帮助行政管理部门减轻了工作压力。通过信息化技术的实施，

---

〔1〕 朱国庆:《高校后勤管理信息化建设探讨》，载《管理观察》2013 年第 26 期。
〔2〕 赵起静:《信息化建设视角下高校行政管理的对策分析》，载《中小企业管理与科技（上旬刊）》2018 年第 9 期。

师生之间的沟通变得更加频繁，在进行教育教学过程中，学校的行政管理部门也能够通过信息化技术手段对师生进行及时的管理，方便解决师生在学习、工作过程中所遇到的问题。对于高校而言，内部的各项管理工作具有较强的复杂性，每一个细节都有着严格的要求，每一项工作都与学校和学生的发展息息相关。对于数据的准确性以及规范性都有着很高的要求，那么高校的信息化建设就可以做到对所采集的数据进行全面核算和统计，从而提高管理效率，提升管理水平。为此在进行高校行政管理体系的构建时，行政管理信息化建设便成为一项重要的任务。

(三) 推动高校信息化建设持续发展

教育体制的改革让高校在校生的数量不断递增，所以想要实现对高校综合管理能力的全面提高，就要保障其发展过程中的质量，一个学校的管理水平和管理能力的体现是十分必要的。然而在这个信息化时代，各大高校之间的竞争相对激烈。信息化的有效构建可以提高现有的管理效率和管理水平，促进高校行政管理更加顺利地开展。[1] 现如今高校之间的竞争越来越大，那么高校要想在竞争中有立足之地就必须要充分地适应教育环境的发展需求，提升学校自身的整体管理水平。提升行政管理信息化水平，让管理人员更加灵活地掌握数据，便于更加直观地通过数据采集和分析，这样不仅能服务于本职工作，还能够更加充分地满足信息时代下高校的发展需求，从而提升竞争力。在这种背景下，涌现出了许多新的教育管理理念和方法，为高校管理的可持续发展提供动力。

(四) 有效提升高校管理水平

如前文所探讨的，对行政管理系统进行信息化处理，对于高校的行政管理水平的提升有非常大的推动作用。尤其是学校日常行政办公的自动化系统，可以打破时间和空间的限制来实现自动化网络办公、信息高度共享，可为行政管理人员提供个性化的工作平台。[2] 比如，在公文管理中使

---

〔1〕 秦磊:《"互联网+"背景下高校行政管理信息化建设研究》，载《中国管理信息化》2017 年第 16 期。

〔2〕 刘立霞:《信息化建设视角下高校行政管理的策略》，载《黑龙江高教研究》2016 年第 10 期。

用协同办公技术，可通过不同的关键词进行查询、跟踪和管理公文的流动，使行政工作更加高效。[1]对比以往的学校管理工作，一份信息需要经过多层次的传播下达，会导致信息在传递的过程中失去了它本身的准确性，降低了学校在进行行政管理时的效率。在信息化时代背景之下，以信息化技术为基础进行行政管理工作可以大大提升行政管理水平。目前，随着教育政策的改革，高校的招生规模的逐渐扩大，想要实现对师生、行政人员和高校辅导员的有效管理是一项极为艰难的任务，并且如果想要实现学校未来的长远发展，就需要对行政工作足够的重视并提供强有力的支撑，信息化技术的应用成为当今高校行政管理的重要手段之一。

三、高校行政管理信息化建设现状

高校在信息化应用领域涉及得比较广泛，因此也成为行政管理信息化的主流阵地，高校的行政管理一直是复杂的，它所涉及的工作业务涵盖了学校整体工作的方方面面，所以高校的行政管理信息化建设工作也具有较高的难度。根据目前所掌握的数据表明，在我国高校之中网络技术是最为普及的，超过一半的学校拥有独属于自己的校园网络和设施设备，并且其中超过60%有着千兆以上的网络速度。[2]

对以上统计数据的分析表明，高校管理制度中加强信息化建设非常重要，这也增加了高校行政管理的便利性，从而提高了整体管理水平。例如学生在进行选课时的系统管理、教师的日常教学布置以及教务系统的管理和数据收集，教职员工的档案建立、薪资、福利管理等，信息化技术都为其管理提供了极大的便利性。从表面上来看各大高校对于信息化的建设工作是比较重视的，但是仍存在个别高校的行政管理者有着管理误区的现象。例如，在行政信息化建设中，硬件重于软件，而改造轻于应用。因此，高校管理的方式和方法并没有发生根本性的变化，虽顺应信息化时代

〔1〕 薛蓓、周俊雯、姚丽丽：《浅析协同 OA 系统在高校行政管理工作中的应用》，载《电脑知识与技术》2011 年第 1 期。

〔2〕 林阳灿：《高校行政管理信息化建设研究》，载《长江大学学报（社科版）》2014 年第 12 期。

的发展，但还是无法渗透到信息化的本质当中，所以高校行政管理工作的信息化建设还是存在很大的发展空间。

四、高校信息化建设中存在的问题及原因

（一）高校信息化建设中存在的问题

随着信息时代的到来，尽管全国各大高校对信息化管理和建设越来越重视，但是由于诸多因素的影响，高校内部行政管理中仍然存在一些问题。主要体现为管理者过时的管理方法，由于一味遵循传统的行政管理方法，不具备前瞻性思维和科学的管理方法，高校行政信息化的应用水平并未得到较大提高。在高校行政部门中，大部分的部门通常会采集自己的数据，但很少与其他部门进行交流沟通、资源信息共享，导致信息之间相互分离。在当下高校教育管理大环境之下，充分发挥出信息技术在行政管理中的优势，成为目前高校行政管理者所面临的新的挑战。

高校的行政岗位，通常通过工作内容的分类而形成了不同的管理部门和职能机关，其工作方向和工作性质也由此而定。各个行政部门有不同的工作性质，信息化的使用程度和建设水平也不尽相同，因此，各个部门的工作效率、实施情况等也受到了不同程度的影响。另外，有些高校的各行政部门不使用统一的管理系统或者数据处理标准，因此其管理系统的运行质量也受到了不同程度的影响，从而阻碍了信息化建设。各部门协同办公或需要信息传递时，不同的信息化建设程度也在工作交流中造成了诸多不便，甚至导致工作效率的降低。在高校的行政管理系统中，各部门之间使用的系统模块不同，导致了在运行模式和工作过程中，独立性较强而缺乏横向联结，因此常常造成了信息"孤岛"现象。[1] 比如，人事、财务、科研都有各自相应的系统，数据的分散性较强和集成性较弱。

---

〔1〕　张春艳、李海文：《浅析基于协同办公系统的高校信息化建设——以北京联合大学商务学院为例》，载《办公室业务》2017年第10期。

（二）高校信息化建设存在问题的原因

1. 思想观念的转变滞后于信息化的发展

信息化时代的到来不是一蹴而就，而是随着互联网科技的发展，在日常的信息技术应用过程中逐渐发展起来的，那么高校的信息化建设存在最大的问题就是受到传统的行政管理方法的影响较大，虽然在设备上已经开始采用移动设备、网络平台进行日常的行政工作的数据处理和传输等，但是仍然还有很多的工作采用传统的方法进行处理，比如书面、纸质材料的传递无法被替代，增加了人力物力的浪费，降低了工作效率。部分原因是高校的行政管理者对信息化建设工作的思想滞后。目前很多高校并没有意识到现代化行政管理对高校发展的重要性，所以对于信息技术的使用还仅仅是流于表面，只是将其看成一个提高工作效率的工具。对于现代化的高校行政管理工作而言，其管理工作其实是一项特殊而艰巨的工作，管理范围较大，细节处理较细，如果高校的管理人员对于信息化建设的意识不到位，工作效率就会相应地受到影响。

在部分高校中，传统的行政管理工作模式和观念依然根深蒂固，因此管理信息化的推动也受到了一定阻碍。另外，相比较企业而言，高校的行政管理工作的目标职责体系、考核体系等相对宽松，很多高校并没有明确的行政管理人员工作绩效指标，这也对行政人员的工作执行力产生了一定影响。[1]并且，在应用信息化技术时，仅仅将应用阶段停留在基础功能上，并没有进行深入探索，发掘信息化高级阶段的功能。比如，很多高校的行政部门在应用信息技术进行办公时，只使用基础的办公软件和工具，进行简单的信息化操作，长此以往，行政人员的信息搜集、整理、优化、集合等能力得不到提升，从而会影响工作质量和工作效率。由于较为宽松的工作考核制度，部门工作人员的工作效率较低、执行力较差，甚至在一些行政管理人员心中，信息技术设备只是制作办公文件或登录不同网站的工具。由于行政管理体系的建设和人员管理方面存在着诸多不完善、不科

---

〔1〕 秦斯、陈茜：《科学运用信息化技术积极推进高校行政管理办公自动化》，载《职业》2011 年第 2 期。

学之处，高校在管理信息化建设、优化与创新之中，将面临一定的阻碍。为此，行政管理方式和工作质量、绩效考核等政策应该得到创新和变革，使得行政人员能有更准确的认知并且使用科学的方法将信息技术与日常工作更有机地结合在一起，从而提高工作效率，提升行政管理工作效能。

2. 行政管理方式的变革滞后于信息化的发展

高校行政管理体系庞大，工作业务涉及范围很广，其行政管理工作除了涉及招生分配、专业设置以外，还包括教师的招聘、培训、考核等人事工作，财务管理工作以及教学科研工作等。这些均需要行政管理部门对其进行全方位的监控、管理。然而，往往这些工作的实现都需要各个行政部门之间的资源共享，数据传输，一些工作很难通过单一的行政部门来完成。因此，如果数据"孤岛"现象普遍存在于高校的行政工作中，不仅会降低工作的完成度，同时还很容易在工作时出现无法逆转的问题。信息技术的出现在一定程度上改变了传统的行政管理模式，同时还改善了部分师生的教育教学环境。在后续的发展之中一旦学校行政管理无法与信息技术协同发展，那么便会给高校内部管理带来一定程度上的危害。

由此可见，行政管理的信息化建设是一项范围较大、任务较重的工程，在高校行政管理的信息化建设中，首先需要做好统筹规划，另外可以引进一些专业人才和专业技术，来更好地落实信息化建设工作。在当前的环境下，部分高校没有进行科学的统筹规划或者是信息化建设浮于表面，信息化建设既没有科学的统筹规划，执行力度也较低。[1] 其关键在于信息化建设没有得到足够的重视，管理方式也相对滞后，由此阻碍了信息化建设的发展道路。信息化管理体系在工作的运行层面，不能有效地与行政工作有机结合起来，使用信息技术手段快速处理信息的能力有待加强，不同部门之间的信息不匹配，从而影响了行政管理的工作效率。

---

〔1〕 聂映玉、蔡荣：《信息化助力高校办公室管理建设浅议——以优化会议组织工作为例》，载《黑河教育》2016 年第 10 期。

五、高校信息化建设发展的意见

（一）高校行政管理人员要提升信息化建设意识

信息技术的深入普及，使得信息技术在高校的行政管理工作中的应用也变得愈发广泛。加强高校行政工作的信息化建设，必须让高校管理者树立科学的信息管理意识，使其充分认识到信息管理对高校的有益作用。学校管理者应该树立现代管理理念，学习科学的管理方法，建立健全管理信息系统，加强管理部门之间的沟通，从而提高信息化建设的整体强度。在大数据的时代浪潮下，高校行政管理工作如果没有跟随其脚步适时调整，那么将对高校的创新力、活力甚至整体的管理水平起到负面影响。新时代的行政管理工作者，应充分认识到信息化建设的重要性，利用其技术优势，积极推动管理工作的协同发展，从而推动创新管理，优化管理效能。信息化技术的发展也使得信息可以更快地流通和共享，优化管理模式，可以帮助提高高校的整体管理水平。因此，高校想更好地建设管理信息化，首先要树立正确的思想，提高管理信息化的认知程度和重视程度，提高管理人才的信息化水平，并且将理论更好地应用于实践，注重组织结构的优化和调整，将信息化技术与高校的行政管理工作更好地结合起来，服务于学校的整体发展工作。

（二）科学规划行政管理信息化

在高校的行政管理信息化建设中，优化行政管理体制的管理系统信息化成为先决条件。因此，信息化战略应该由上至下逐级制定，使其更加科学合理，实施环节确保协调一致。[1]行政管理工作的信息化建设也需要依靠实际情况，结合学校的发展方针进行发展和完善，促进管理系统信息化建设，为学校总体目标的实现提供了发展道路。除此之外，高校需要制定全面的、系统的信息化战略并与行政工作发展目标相匹配，以防止效率低下和资源浪费。同时也要全面贯彻国家总体教育方针、相关教育管理政策，为高校的行政管理信息化建设提供正确的发展方向。

---

〔1〕 何倩：《高校行政管理的信息化建设构想》，载《商情》2011 年第 6 期。

信息化系统的建立同样需要高校建立起科学完整的行政管理系统，加强网络设备和硬件支持，这是信息化建设的基础。具体的措施包括优化计算机配置和网络功能，扩展网络信息的传输方式，比如 PC 端和手机端的同步传输。在改进计算机网络结构之后，网络的传输速度和安全性应该被提高。在完整的信息化发展体系建立之后，高校应注重行政管理人员的工作质量和专业素养，使得工作能够顺利开展，信息化建设道路更加顺畅，从而对高校行政管理体制的优化起到促进作用。

(三) 优化行政管理体系和人才培养

行政管理体制的建立和实行受到限制，是行政管理发展水平受阻的重要原因，其中包括高校的行政管理工作比较集中，并且有明确的层级制度。想改善这一问题就要从组织架构入手，合理简化层级设计，改革现行组织结构。[1]其一，简化信息化系统中部门领导的管理授权，可根据事务的轻重程度将审核、审阅权下放至中层干部，根据中层干部主管事务的类别设立管理授权，简化工作流程，提高工作效率。其二，合理优化配置高校的行政部门，适当减少行政部门主体，发挥信息技术的优势，简化线下程序，使高校的行政管理工作合理、有效地推进。其三，高校传统的人治以及全权意识应该有所改变，合理利用信息化技术，建立科学完善的管理体系，将职权按工作下发，这样不仅能提高管理水平，还能对行政管理的人才质量的提高起到促进作用。此外，现代管理理念的渗透，将会使行政管理人员具备更强的专业知识，提高对信息化的重视程度，增强进取精神，将信息技术与现代管理有机结合起来，发挥出各自的优势，为高校现代化管理提供良好的健康的发展环境，同时可以推动营造现代化校园氛围，更新信息化建设思想及理念，更好地服务于行政管理工作，从而有效提高学校的声誉和整体管理水平。

与此同时，人才的素质水平对工作质量有直接影响。因此，高校行政管理工作者必须具有较强的专业水准和职业素养，这对于信息化建设的发

---

[1] 高庆蓬、贺同柱：《构建促进教师专业发展的学校管理制度》，载《教师教育论坛》2014年第 2 期。

展起到积极影响。高校需加强对人才的培训和管理，通过对信息化技术理念的强化，引导行政管理者了解信息化对于行政管理的巨大促进作用，并落实于实践。高校的在职行政人员需要加强自身专业素养，在实际的工作过程中进行信息化管理的有效研究，具备实际解决工作中的有关信息化建设问题的能力，更加高效地使用信息技术处理相关的工作，优化信息系统功能，提高应用能力，以提升行政工作的整体效率。

（四）制定科学合理的高校信息化战略

高校的行政管理信息化建设，同样也有其自身的发展规律。具体来说，首先，从横向的空间层面来说，高校的行政管理信息化建设涉及面广，几乎涵盖了所有的职能部门，管理范畴和工作范围非常广泛，不仅仅是靠技术手段的实施就能完成的。其次，从纵向的时间上来说，在现代化高校的发展进程中，信息技术几乎贯穿于各个时间段、大大小小的工作事务。随着不同时期的教育政策、社会经济文化背景的不同，高校的发展方针也在经历着不断地变化，由此可见，高校行政管理的信息化建设工作既要符合时代发展的趋势，又要贴合自身的发展目标，形成科学的战略规划。[1]最后，要选择和使用符合学校自身状况的信息技术平台系统。随着高校规模的不断扩大和科研能力的提升，很多高校拥有自主研发和制作软硬件、信息技术平台的能力，并且有专门的网络信息技术部门进行管理和研发。[2]但从整体的信息化行业发展来看，高校内部的生产和研发能力，在大多数情况下，并不及高校外部一些专业的信息技术公司。由于存在着一定的差距，高校信息化平台的构建可以整合外部的优质资源，与专业技术公司建立合作，根据自身情况进行开发、应用和系统维护等前期和后期的工作，这样一可解决时间及经济成本问题，二可使信息化建设更加专业化、系统化。对此，高校可以在网络信息部门设立专门的项目小组，用于与外部技术公司进行日常沟通、合作管理等。项目小组应立足于学校的自身情况和发展目标，结合本校行政管理事务的特点，充分分析信息化建设

---

[1] 张技：《新时期高校行政管理改革与创新研究》，载《统计与管理》2016年第1期。
[2] 郑雅：《信息技术下高校行政管理的创新》，载《中国管理信息化》2017年第10期。

的需求，选择合适的信息化平台及处理系统，并且做好后期维护和升级工作，以方便于日后的信息化建设水平的提升，不断适应学校的目标定位和发展方向。

六、结语

综上所述，我国高校的规模随着国家政策的深入而逐渐扩大，随之而来的便是高校之间愈演愈烈的竞争。信息化技术在现下已经渗透到了生活中的各个方面，高校在进行行政管理工作时应该合理使用信息化技术，提高行政管理人员的信息化建设意识，提升行政人才建设质量，并根据学校的实际状况和发展定位，设立更加科学、合理的信息化建设发展战略。信息技术与行政管理工作的有机结合能够有效地简化繁杂的工作流程，提高学校内部的行政管理效率和管理水平，从而实现高校管理的全面发展和提升。

思政教育专题

Si Zheng Jiao Yu Zhuan Ti

法学大学生理想信念教育现状及建议研究

刘　凯 *

大学生理想信念教育是高校思想政治教育的重要内容，科学正确的理想信念将为大学生的成长之路指明方向并奠定坚实的思想基础。对于当代法学大学生来说，是否具有科学正确的理想信念尤为重要，因为这不仅关乎法学大学生自身的健康成长成才，而且从法学大学生未来从事的职业特殊性来讲，它关乎我国依法治国战略能否落实和社会公平正义能否实现。近年来，法官违法违纪案件时有发生，在社会上产生了恶劣影响，影响了法官的形象和法律的公信力。所以，我们应该从这些反面典型中吸取教训，剖析根源，从大学生时期就重视对他们的思想政治教育尤其是理想信念教育，为法学大学生的健康成长和未来的人生发展夯实思想之基，铸就精神之源。

一、关于理想信念教育的相关概念

从百度百科看，"理想"指对未来事物的美好想象和希望，也比喻对某事物臻于最完善境界的观念，是人们在实践过程中形成的、有实现可能性的、对未来社会和自身发展的向往和追求，

* 刘凯，中国政法大学副教授，研究方向为大学生思想政治教育、大学生职业生涯规划及就业。

是人们的世界观、人生观和价值观在奋斗目标上的集中体现。在古代，理想也称为"志"，即志向。"燕雀安知鸿鹄之志哉""老骥伏枥，志在千里；烈士暮年，壮心不已""志当存高远"等指的都是这个意思。理想分短期的和长期的，短期的一般指在近期要完成的目标，长期的一般指远大理想，奋斗时间长。理想作为正确的想象，不同于幻想、妄想或空想，它有三个突出的特点，即客观必然性、社会性和阶级性。

"信念"指认为是事实，或必将成为事实，是对事物的判断、观点或看法。信念反映着一个人的思想意向和行为倾向，是一个人的行动准则，它使人的行动具有明确的目的性，并伴随着深刻的情绪体验，表现出顽强的意志力。[1]对于信念的作用，有很多名言警句。美国第 16 任总统林肯说，"喷泉的高度不会超过它的源头，一个人的事业也是这样，他的成就绝不会超过自己的信念"。著名文学家丁玲认为，"只要有一种信念，有所追求，什么艰苦都能忍受，什么环境也都能适应"。

理想信念作为一个名词，不是"理想"和"信念"两个词的简单叠加，而是具有独特含义的，指的是"人们对未来美好生活图景的展望，是人们世界观和政治立场在奋斗目标上的体现，是人们人生诉求、政治立场和政治主张以奋斗目标为表征的超越自我、超越现实的高度自觉意识"。[2]理想信念作为人类特有的一种精神现象，一旦形成，就会成为支配人们行为的强大精神动力。邓小平同志曾说："为什么过去我们能在非常困难的情况下奋斗出来，战胜千难万险使革命胜利呢？就是因为我们有理想，有马克思主义信念，有共产主义信念。"[3]一般来说，无论任何民族、任何国家，都会有一种占主导地位的理想信念以凝聚人力，团结力量，推动国家和社会朝着既定的方向发展。

对于我国来说，不论是在革命战斗年代，还是在社会主义建设时期，理想信念问题都关系着党和国家的前途和命运，是我们党带领全国人民团

---

〔1〕　张相乐、彭先桃：《论大学生正确信念的培养》，载《高等农业教育》2001 年第 5 期。

〔2〕　黄蓉生、姜华：《改革开放以来大学生理想信念教育论略》，载《高校理论战线》2009 年第 7 期。

〔3〕　邓小平：《邓小平文选》（第 3 卷），人民出版社 1993 年版，第 120 页。

结奋斗的思想基础。而对于高等教育来说，大学生理想信念教育问题一直以来都为党和国家所高度重视，一直以来都是高校大学生思想政治工作的核心组成部分。中共中央、国务院在 2004 年下发的《关于进一步加强和改进大学生思想政治教育的意见》中指出，要加强和改进大学生思想政治教育，要以理想信念教育为核心，深入进行树立好正确的世界观、人生观和价值观教育，使大学生确立在中国共产党领导下走中国特色社会主义道路，实现中华民族伟大复兴的共同理想和坚定信念，使他们中的先进分子树立共产主义的远大理想，确立马克思主义的坚定信念。[1]

二、法学大学生理想信念教育的价值和意义

法学大学生作为大学生的一个群体，其职业具有专门性和特殊性，需要有过硬的思想政治素养、高尚的职业道德、扎实的专业素质、坚定的法律信仰等。而理想信念作为人生的向往与追求，统领一个人的人生发展和奋斗方向，映射一个人的政治立场、世界观、人生观和价值观，所以，要想成为一名合格的乃至卓越的法律人，养成高尚的职业精神和道德规范，首先就必须要树立科学正确的理想信念。

(一) 加强当代法学大学生理想信念教育是贯彻落实我国高校教育方针的需要

目前，随着我国大学教育从精英阶段步入大众教育阶段，越来越多的年轻人开始迈入大学，开启人生新的历程，这是一个人世界观、人生观、价值观形成的重要阶段，理想信念的教育在他们世界观、人生观和价值观的塑造方面起着重要的作用。因此，对于正处于理想信念形成阶段的大学生，需要加强教育和引导，并针对其在理想信念方面存在的问题，提出相应的办法和途径，帮助其形成正确的理想信念。只有帮助当代大学生树立正确的理想信念，才能使他们在前行的道路上永不迷失方向，并且激励他们不断地发挥积极性、主动性和创造性，向着既定的目标奋力前行。

---

[1] 中共中央、国务院《关于进一步加强和改进大学生思想政治教育的意见》，2004 年 8 月 26 日。

邓小平同志早就提出要把我们的青年一代培养成为"四有"新人，并且把有理想看作是"四有"新人的首要标志。2004年8月，中共中央、国务院《关于进一步加强和改进大学生思想政治教育的意见》中提出，理想信念教育是大学生思想政治教育的核心。2007年8月31日，胡锦涛同志在全国优秀教师代表座谈会上指出，"要坚持育人为本、德育为先，把立德树人作为教育的根本任务，加强爱国主义教育，深入开展理想信念教育，加强和改进学生思想政治工作"[1]。2011年教育部、中央政法委员会提出，要形成符合中国国情的法律人才培养机制，培养造就一批信念执著、品德优良、知识丰富、本领过硬的高素质法律人才[2]。2014年10月，党的十八届四中全会通过的中共中央《关于全面推进依法治国若干重大问题的决定》明确提出，建设高素质法治专门队伍，要把思想政治建设摆在首位，加强理想信念教育；创新法治人才培养机制，要坚持立德树人、德育为先的导向。进入新时代，2018年9月，习近平总书记在全国教育大会发表的重要讲话中指出：要在坚定理想信念上下功夫，教育引导学生树立共产主义远大理想和中国特色社会主义共同理想，增强学生的中国特色社会主义道路自信、理论自信、制度自信、文化自信，立志肩负起民族复兴的时代重任[3]。

（二）加强当代法学大学生理想信念教育是培养新时代中国特色社会主义法治人才的需要

2011年，教育部、中央政法委员会《关于实施卓越法律人才教育培养计划的若干意见》文件中提出了要"培养造就一批信念执着、品德优良、知识丰富、本领过硬的高素质法律人才"。该表述将信念和品德放在知识和本领之前，强调了法治人才培养工作不仅仅是专业培养，同时更加注重品德和价值观念的培养。2017年"五四"青年节，习近平总书记在考察中

---

〔1〕《胡锦涛在全国优秀教师代表座谈会上的讲话》，载中国新闻网，http://www.chinanews.com/gn/news/2007/08-31/1015683.shtml，最后访问时间：2020年4月12日。

〔2〕教育部、中央政法委员会《关于实施卓越法律人才教育培养计划的若干意见》，2011年12月23日。

〔3〕《习近平出席全国教育大会并发表重要讲话》，载中国政府网，http://www.gov.cn/xinwen/2018-09/10/content_5320835.htm，最后访问时间：2020年4月12日。

国政法大学时，指出"法学教育要坚持立德树人，不仅要提高学生的法学知识水平，而且要培养学生的思想道德素养"[1]。

高等法学教育承担着为国家和社会输送高质量法治人才的重任，但从现实情况看，法治人才培养更侧重于专业和实务教育，理想信念、职业伦理和道德规范等方面的缺失是目前法学教育存在的主要问题之一。尤其是在当前形势下，中美矛盾加剧，西方国家加快对我国的文化和价值观输入，社会上个人主义、拜金主义和享乐主义等现象突出，一些法治工作者知法犯法，职业道德和职业理想出现较大问题，在社会上造成了非常不好的影响，直接影响我国法律工作者的形象和我国法治事业的健康发展。因此，必须加强对法学大学生的理想信念教育，倡导大学生树立崇高理想和坚定信念，培养大批符合新时代中国特色社会主义法治建设需要的高素质法学人才。

(三) 加强当代法学大学生理想信念教育是占领国际人才竞争制高点的需要

21世纪是知识经济的时代，知识对国家的社会和经济的发展起着至关重要的作用，随着人类社会的发展，高新知识已逐渐取代资源成为影响一国发展的决定因素，在国际竞争中，谁拥有大量的高素质人才，谁就抢得了发展的先机，谁就能在日益激烈的国际竞争中脱颖而出。

大学生已经初步掌握了一定的专业知识，形成了一定的知识体系，是未来高素质人才的主体，他们的创新能力和科研能力的高低直接决定了我国在知识经济时代的竞争力。

法学大学生作为法学专门人才，以法学知识服务于国家乃至国际社会的需要和发展，及时对他们理想信念中存在的问题加以教育和引导以使他们树立科学正确的理想信念，让他们将自己所学的知识用到祖国最需要的地方，服务于社会，服务于人民，最终实现国家的繁荣富强和民族的伟大复兴。

---

[1] 《习近平在中国政法大学考察时强调 立德树人德法兼修抓好法治人才培养 励志勤学刻苦磨炼促进青年成长进步》，载中国网"中国习观"专栏，http://www.china.com.cn/guoqing/xijinping/2017-05/04/content_40743910.htm，最后访问时间：2020年4月12日。

（四）加强当代法学大学生理想信念教育起着净化大学生心灵和凝聚大学生群体的作用

崇高的理想信念能够提升精神境界、充实心灵、塑造高尚的人格。从马克思主义的观点看，人是物质生活和精神生活相辅相成所构成的有机统一体，理想信念作为人的道德基础、精神核心，一方面能够使人的精神生活的各个方面有机地统一起来，使人的内心世界成为一个健康有序的系统，保持内心的充实与安宁，避免内心的空虚与迷茫；另一方面，指引着人们不断追求更高的人生目标，提升精神境界，塑造高尚人格。作为当代法学大学生来说，确立正确的理想信念，可以有效地帮助自身抵御各种不良社会思潮和社会现象的侵蚀，并帮助自己树立正确的目标和奋斗方向，为自己的大学生生活和学习提供正确的指引。

另外，理想信念还起着凝聚大学生群体的作用。任何一个国家、团体都需要用强大的凝聚力将相应范围内的人们团结起来，而这种凝聚力的一个重要来源就是理想信念。共同的理想信念如同精神纽带一样，通过深层次的精神和文化的凝聚将人们团结起来，凝聚人心，使大家向着共同的目标奋力向前。法学大学生只有树立了崇高的理想信念，才能明确学习法学的目的和意义，激发起为国家富强、民族振兴、自身成才和社会公平正义的实现而奋发学习的强烈使命和责任感。

三、法学大学生理想信念教育的现状及成因

当代法学大学生的理想信念整体上是积极向上的，知诚信，懂感恩，但是也存在一些比较明显的问题。

（一）当代法学大学生理想信念更具功利性、物质化和自我化

第一，当代法学大学生对美好道德理想信念的践行缺乏积极性和主动性，理想信念呈现出一定的功利性。在学校的日常表现中，可以看到法学大学生虽然对于自我修养比较重视，但是在为国家和社会服务方面，以及把个人理想同国家和社会发展需要的结合方面是缺乏积极性和主动性的。

第二，在职业的选择上比较物质化，更加注重个人价值的体现。从历年的择业情况看，当代法学大学生倾向于选择待遇优厚、发展前景好的职

业；从地域看，也倾向于选择到大城市或者东部发达地区，而国家倡导的中西部偏远地区以及农村基层对他们则缺乏吸引力。

第三，在生活追求方面，当代法学大学生比较注重个人和家庭的需要，懂得回报社会和父母，但是相对而言更加强调个人生活的安逸和舒适。

第四，在社会理想方面，当代法学大学生有正确的政治立场，对我国社会主义建设取得的重大成就持积极肯定的态度，关心社会时政，关注社会生活，但是缺乏远大理想，历史使命感和社会责任感不够强烈，参与度也相对较低。

（二）当代法学大学生理想信念现状的成因

当代法学大学生的理想信念之所以会出现上述几方面的问题，原因主要有以下几个方面。

第一，对思想政治和理想信念教育的重视程度不够。虽然我国高等法学教育快速发展，接受法学教育的大学生数量增长迅速，法学教育体系也不断完善，但是思想政治和理想信念教育在法学人才培养中的核心地位还没有受到足够的重视，立德树人，德法兼修的理念也还需要进一步的贯彻和落实。

第二，高校落实法学专业人才培养的目标不到位。虽然国家在法学专业人才的培养目标上提出了明确的要求，但是由于主客观的原因，重视专业课学习，重视法律职业资格考试通过率，重视就业率，但却忽略了对法学专业学生理想信念的有效教育。

第三，教师队伍思想政治水平不够整齐划一。教师在一定程度上是学生的思想和行为的导师，其思想政治水平直接影响着学生。由于近年来随着高等教育的快速发展，各个高校对教师的需求量也不断增加，然而现在的情况是学校招人比较重视教师的学历背景和科研能力，而对于教师的思想政治情况并不予以重视，这样一来即使有的教师专业水平很高，但是职业水平并不一定合格。

第四，没有充分发挥学生的主体性作用。学生是受教育的主体，正确理想信念的树立说到底是要通过学生主体作用发挥来实现，但是现在的学生习惯于应试教育，习惯性地按照老师的要求做，不会主动地去思考去实践。这对于学生的自我提高是十分不利的，尤其对于法学生而言，更加需要发挥主观能动性去解决学习中遇到的各种问题。

当前，经济社会快速发展，西方文化和各种思潮急速渗入，在冲击传统文化思想和价值观的同时，还激发了人们对拜金主义和享乐主义的倾向，有的人甚至把自己作为西方国家自由民主等资产阶级思潮的代言人。在这种大环境下，我们看到部分法治工作者的职业道德已经出现了滑坡现象，社会责任感弱化，法律信仰淡漠，不仅对社会造成了不良影响，也直接影响我国法治事业的健康发展，更进一步将会影响国家的和谐稳定和繁荣富强。因此，急需转变传统教育观念，加强当代法学大学生的理想信念教育，创新教育方式与方法，真正认识到法治人才的培养工作不仅仅是培养法治"工匠"，而且要更加注重法治人才理想信念和价值等"内核"的塑造。

四、加强法学大学生理想信念教育的建议

（一）进一步加强理想信念教育

法学教育的目标是培养适合社会需要的合格法律工作者，而法律工作的特殊性决定了作为一名法律人应当具备相对更高的思想品格和理想追求。所以，在高校的法学人才培养中需要进一步加强思想政治教育尤其是理想信念教育，真正落实中央提出的立德树人、德法兼修的人才培养理念。

（二）严格落实法学专业人才的培养目标

在法学人才的培养方面，高校需要改变一味重视专业教育而轻视思想政治教育的倾向，一个人如果没有基本的思想道德素质是不可能成为一名合格的法律工作者的，尤其是如果在理想信念方面出现问题，就那就从根本上背离了我们人才培养的初衷，所以，学校应该围绕法律人才培养目标的实现在政策方面予以支持和加强。

（三）注意提升教师队伍的思想政治水平

教师肩负着培育优秀法律人才的重任，应该通过言传身教教导学生树

立崇高的理想和信念，但是实际情况是个别教师有个人偏见或者是受外界环境的影响，并没有对学生起到示范作用。所以对此现象应该引起重视，不仅要求教师在教学过程中重视专业水平的提高，同时也要重视自身思想政治水平的提高。

(四) 充分发挥学生的主体性作用

如前所述，正确理想信念的树立最终还是要通过学生自己来实现，"授人以鱼，不如授人以渔"，学校的教育只是一个方面，而且是外因，因此，要鼓励学生充分发挥自己的主观能动性，自我学习，自我教育，自我提升，无论是大学时期，还是毕业后走上工作岗位都要通过不断学习，自觉学习提高自己的思想修养，坚定自己的理想信念，使自己真正成为一名符合社会需要的合格的法律人。

五、结语

法学教育的目标是培养合格或者是优秀的法律职业者，专业素养和理想信念二者缺一不可。法律工作人员由于其职业的特殊性，决定了其应当具备相对更高的自我教育、自我监督、自我培养能力。业务素质和理想信念的养成是高校法学教育人才培养两个不可或缺的方面。可是，在现实中，在法学生培养过程中人民往往会忽视理想信念教育的作用，仅仅注重法学专业知识的传授，这是非常片面的。

我国法学本科生不断扩招，毕业生人数剧增，再加上就业门槛的提高，学生就业形势不容乐观，想要在就业过程中占得先机，高校在法学大学生培养中应该把培养高水平的法学毕业生作为培养目标。高水平高素质法学毕业生不仅要具备扎实的专业知识基础，还应具备良好的理想信念。拥有坚定的立场，对法律的信仰，坚持公平正义，尊重法律事实。因此要培养高水平的法学生，不仅要重视对学生专业知识的培养，还应该重视理想信念的培育。目前的法学教育主要注重法律知识的传授，忽略了以培养高尚的品格、健康的心理等为内容的思想政治教育，而高尚的品格及正义、公平的理念不仅是法律人应具备的基本素质，也是法律人职业道德的必然要求。

法学大学生是未来法律人才的主力军，其理想信念的养成教育和取得的成果，有助于未来法律人才职业水平的提高，有助于法律工作者在工作中发挥积极作用，有助于法律从业人员队伍整体素质的提高。因此，必须要重视法学大学生理想信念的养成，要多管齐下，改进课堂教学内容、提升教师的思想政治教育水平、充分整合学校各种有利资源，这些都能成为法学生理想信念培养的有效途径。法学生在学期间所积累的思想政治教育成果，对其将来从事法律相关工作，保持廉洁性、公正性具有重要意义，对法律人才的培养以及司法队伍保持先进性和纯洁性具有重大意义。因此，在法学生理想信念养成中必须认识到思想政治教育的重要作用，并充分利用思想政治教育，为法律人才的培养发挥出应有的作用。

重大疫情下高校离退休干部发挥思政作用机制探讨

——以中央财经大学为例 *

李名义 **

一、疫情下的高校思想政治教育工作面临的问题

习近平总书记在全国高校思想政治工作会议上指出，做好高校思想政治工作，要因事而化、因时而进、因势而新。[1]自 2020 年初以来，在全国范围内，爆发了新冠肺炎疫情，这是新中国成立以来在我国发生的传播速度最快、感染范围最广、防控难度最大的一次重大突发公共卫生事件。自新冠肺炎疫情暴发以来，教育部积极响应国家疫情防控总体要求，下发了 2020 年春季学期延期开学的通知，并明确要求"停课不停教、不停学"。各级教育行政部门、各高校为顺利进行课程教学，充分运用网络、新媒体等各类信息技术手段进行了在线教学以保证教学效果。在疫情防控常态化的情况下，高校如何开展思想政治教育工作正面临着新的机遇和挑战，这就要求高校思想政治教育工作者要在疫情防控

* 本文为 2019 年中央财经大学党建课题"发挥高校离退休干部思想政治教育作用的工作机制探讨——以中央财经大学为例"成果之一，项目号 DJC19023。

** 李名义，中央财经大学会计学院助理研究员。

[1] 《习近平在全国高校思想政治工作会议上强调 把思想政治工作贯穿教育教学全过程 开创我国高等教育事业发展新局面》，载《人民日报》2016 年 12 月 9 日，第 1 版。

的大背景下，审时度势，精准施策，充分挖掘各类思政教育资源，有效提升高校思想政治教育的实效性。

以中央财经大学为例，疫情防控期间，上至分管学生工作的校领导和学校思政工作主管部门，下至各学院分管学生工作的副书记和一线思政工作者，都结合线上工作实际，采取了卓有成效的大学生思想政治教育工作举措。但在成效面前，有一点我们也必须清醒意识到，那就是目前一线的思政工作者，包括辅导员、班主任和团的干部，多数是"80后"甚至是"90后"，他们在实际工作中没有经历过类似的重大突发公共卫生事件，比如2003年的非典，也就缺乏在重大突发公共卫生事件发生时应具备的学生工作经验，"纸上谈兵"式的照本宣科也就多了一些，从而导致思政教育效果达不到预期目的。

同时，伴随我国改革开放进入关键期、深水区和攻坚区，国内外各种矛盾凸显，社会思潮和价值观日益多元化，在这样的背景下，我国大学生的思维更加活跃，对国家、社会和个人的认知愈发丰富，与此同时，随着经济全球化和信息化发展，西方国家的一些不健康思想观念不断充盈着网络空间，甚至侵蚀着当代大学生的思想，所以高校的思想政治工作面临着新的挑战，工作难度日益加大。在目前高校思想政治教育工作中，除了思想政治理论课教师的课堂授课外，主要是辅导员和班主任在从事大学生思想政治教育工作，一线思政工作者的工作任务繁重，工作压力较大，导致队伍的稳定性差，转岗或流失现象较为严重。

近些年来，部分高校在选聘辅导员和班主任的基础上，开始聘用离退休干部尤其是刚刚退下来的离退休干部来从事学生的思想政治教育工作，在学校中形成了一支离退休干部、专职思政工作者与专任教师相结合的思想政治教育工作队伍，给思政工作注入了新的活力。

党的十九大报告明确指出：中国特色社会主义进入了新时代，要"认真做好离退休干部工作"。这有两方面含义，一是要做好对离退休干部的关怀及服务工作，二是要创造条件，让离退休干部继续为中国特色社会主义建设做贡献。民政部《2016年社会服务发展统计公报》显示：截至2016年底，全国60岁及以上老年人口23 086万人，占总人口的16.7%。

《"十三五"国家老龄事业发展和养老体系建设规划》指出：预计到 2020 年，全国 60 岁以上老年人口将增加到 2.55 亿人左右，占总人口比重提升到 17.8% 左右。高校离退休干部是我国 60 岁以上老年人口的主要组成部分之一。[1] 目前各个高校都存在为数不少的离退休干部，他们为我国革命、建设和改革开放及高等教育发展，做出了重大贡献，是党和国家的宝贵财富和人才资源，是推进新时代中国特色社会主义伟大事业的重要力量，是建设"双一流"大学的智囊团，他们也都经历过重大疫情的考验，尤其是 2003 年非典疫情，具有丰富的工作经验、知识储备和人生阅历。充分发挥离退休干部尤其是退休干部们的作用，主动邀请他们来承担一定的思想政治教育工作，是对当前大学生思想政治教育工作的重要补充，尤其是在重大疫情背景之下，离退休干部往往会取得事半功倍之效。

二、目前高校离退休干部的特点分析——以中央财经大学为例

(一) 中央财经大学离退休干部现状

中央财经大学每年都会有为数不少的专任教师、党政干部、行政教辅人员和工勤技术人员，由于年龄的原因，从原有的岗位上退休，他们曾经为我校的各项工作贡献了自己的力量，即使退休之后，他们仍然具有"为党育人，为国育才"的热情。本文为了研究的方便，将以上人员统称为退休干部。

目前我校有离退休干部共计 632 人，其中离休干部 22 人，退休干部 610 人，因为离休干部都已到耄耋之年且行动不便，我们此次研究主要以退休干部作为研究对象，同时，考虑到退休时长和年龄因素，我们主要以退休时间在 15 年以内，且年龄在 70 岁以下的退休干部为研究对象。在 610 名退休干部中，近 15 年退休的有 343 人，70 岁以下的有 290 人。通过对这 290 人的抽样调查和个别访谈，我们了解到，大约有 60% 的退休干部，在身体条件许可的情况下，还是希望自己能够利用自己的工作经验和人生阅历，通过不同方式，为大学生思想政治教育工作贡献自己的力量。

---

[1] 张瑞玲：《做好新时代高校离退休干部工作的思考》，载《管理观察》2018 年第 24 期。

（二）乐于从事思政工作的高校离退休干部特征分析

通过对中央财经大学乐于从事思政工作的退休干部进行分析，大致可以分为以下几种类型：

第一，管理型。这种类型的退休干部，退休之前大多是担任校级或院级领导职务，政治素养和理论水平较高，具有丰富的管理经验、人际交往能力及组织协调能力，在师生中具有较高的威望。

第二，学者型。这种类型的退休干部，退休之前大多是教学一线或科研一线的专任教师或科研工作者，他们具有丰富的教学经验和扎实的学识，知识渊博，谦虚谨慎，深受学生欢迎。

第三，服务型。这种类型的退休干部，退休之前多是在一线从事服务性工作的行政教辅人员（含辅导员），他们大多性格开朗，为人热情，乐于奉献，不计报酬，具有丰富的一线工作经验和工作感悟，能跟学生打成一片，可以这么说，他们在岗时是学生最为亲近的人。

第四，保障型。这种类型的退休人员，退休时虽然大多是工人身份，但为了充分调动他们的积极性，还是将其列入干部人员进行研究。他们在退休前，大多是从事后勤保障、安保服务等最为基础性又默默无闻的工作，平时可能跟学生接触不多，但正是他们的无私奉献，确保了师生在校园的便利与安全。

不管退休干部将其归为何种类型，他们都有着坚定的历史使命感和强烈的时代责任感，以实现中华民族的伟大复兴为己任，为党育才，为国育人，把自己的一生都奉献给了祖国的教育事业，他们在岗时，用自己的言行践行影响了一批批的中青年教师和大学生，是在岗教职员工和在校学生学习的榜样。

三、高校离退休干部在大学生思想政治工作中发挥作用的机制探讨

（一）高校离退休干部发挥思政作用的可行性

2017 年 2 月 27 日，中共中央、国务院印发了《关于加强和改进新形势下高校思想政治工作的意见》，其中明确要坚持全员育人、全过程育人和全方位育人，要把思想价值引领贯穿教育教学全过程和各环节，形成教

书育人、科研育人、实践育人、管理育人、服务育人、文化育人、组织育人长效机制。作为曾经校园建设的重要力量，离退休干部完全可以"回归"校园并在"三全育人"的大思政格局中发挥重要作用。

1. 党和国家政策的支持

党的十九大报告明确指出：要认真做好离退休干部工作，其中就包含了对离退休干部老有所为的期望。2016 年 1 月 22 日，中共中央办公厅、国务院办公厅印发《关于进一步加强和改进离退休干部工作的意见》（简称《意见》），对做好新形势下离退休干部工作提出了要求，作出了部署。《意见》把离退休干部工作确立"为党和人民的事业增添正能量"的价值取向，提出"充分体现离退休干部特点和优势、更好服务党和国家工作大局"的工作方向。《中华人民共和国老年人权益保障法》第 4 条第 2 款规定："国家和社会应当采取措施，健全保障老年人权益的各项制度，逐步改善保障老年人生活、健康、安全以及参与社会发展的条件，实现老有所养、老有所医、老有所为、老有所学、老有所乐。"

2. 高校相关部门的组织和服务保障

高校离退休干部工作是党的组织工作和人事工作的重要组成部分，各高校为了更好地服务于离退休干部，都设置了专门机构提供全方位服务，让他们能够安享退休生活，同时，为了让他们充分发挥余热，有的高校还成立了关心下一代工作委员会，给离退休干部提供了一个发挥作用的平台，也为开展思政工作提供了组织保障。

3. 离退休干部自身意愿

通过对中央财经大学离退休干部的抽样调查和访谈，我们了解到年龄在 70 岁以下的离退休干部，在身体许可的条件下，非常乐意为学校的大学生思想政治教育工作做出自己力所能及的贡献，让自己的退休生活过得更有意义。

4. 离退休干部自身的优势

高校离退休干部大部分长期从事教学、科研、管理和服务性工作，退休后仍然是一支有理想信念、有道德情操、有扎实学识、有仁爱之心的"四有"好老师，在高校思想政治教育工作有着独特的优势和作用，他们丰富的人生阅历对学生的世界观、人生观和价值观的塑造起到引领示范作用，更能够以"过来人"的身份为学生指点迷津，同时，他们宝贵的工作经验可以更好地传承给在岗的一线思政工作者，尤其是在当前疫情防控常态化下，他们所积累的面对重大突发事件时的工作经验，能够起到"稳定军心"的作用。

（二）高校离退休干部发挥思政作用的工作机制

1. 高校管理部门要不断创新离退休干部的服务管理机制与组织机制

当前，高校的离退休工作部门，还是主要以服务离退休干部生活为主，未能充分挖掘离退休干部自身所拥有的人力资源价值，建议高校学生工作主管部门将离退休干部人力资源纳入部门人才资源使用规划中，在尊重离退休干部自身意愿的前提下，有计划有组织地开发利用好离退休干部的人力资源价值，发挥其在学生思政工作中的重要作用。

以中央财经大学为例，建议学校在离退休工作处这个管理服务部门之外，充分发挥我校关心下一代工作委员会的作用，同时要专门建立健全离退休干部发挥作用的工作机制，建议成立大学生思想政治教育督导组，按照离退休干部的不同类型，督导组下设四个不同工作小组，涵盖教书育人、科研育人、管理育人与服务育人等方面，使退休干部们的优势得以充分发挥。同时，在学校层面成立离退休干部大学生思想政治教育咨询委员会，发挥其智囊团的优势，为学校学生思想政治教育提供建议，为大学生成长成才答疑解惑。

同时，还应打破离退休干部统一归口管理的局限性，既可以让离退休干部继续回原来学院或部门开展思政工作，也可以跟学校进行双向选择，聘任到新的部门，其相应的薪酬待遇根据其工作内容进行核算，最大限度使自己享有获得感和幸福感。

2. 高校进一步落实好弹性退休制度

尽管高校已经实施了弹性退休制度，但大多是针对教学科研岗人员，而对管理人员、行政教辅和工勤技术人员来说，目前还是到点退休的多，这就在一定程度上限制了那些具有丰富工作经验的非教学科研岗人员想继续为学校工作尤其是思政工作做贡献的机会，所以建议学校将弹性退休制度的覆盖面扩展得再广一些。

3. 高校进一步落实弹性返聘制

离退休干部返聘回学校后，要根据其工作状态、本人意愿和身体情况进行综合评估，不搞返聘年限"一刀切"，若离退休干部身体不允许或有其他家庭需要，可以随时向学校提出终止返聘合同。

4. 高校要对返聘的离退休干部施行弹性工作制

高校学生工作主管部门，要在充分尊重返聘从事思政工作的离退休干部意愿的基础上，施行全班制、半班制和不坐班制等上班方式及相应的薪酬待遇，工作要以健康为中心，能干多少是多少，多劳多得，少劳少得。

5. 高校要对反馈的离退休干部创新奖励激励机制

针对返聘的从事思政工作的离退休干部，学校一方面要创造舒适的工作环境，使他们能够政治上受信任、工作上有平台，人格上受尊重，生活上受关怀，另一方面还应该在待遇上激励人，用公平合理的报酬回报离退休干部的付出。

(三) 高校离退休干部发挥思政作用的途径分析

学校在做好离退休干部政策保障、组织机制和激励机制的基础上，就要不断探索离退休干部发挥思政作用的路径。针对目前高校"三全育人"的大思政格局，学校学生工作主管部门要根据离退休干部的不同类型，采取不同方式，让离退休干部在教书育人、科研育人、管理育人和服务育人等方面发挥力所能及的重要作用，尤其在当前疫情防控常态化背景下，这显得尤为迫切和必要。

1. 讲授大学生思想政治教育公开课

对于学者型的离退休干部，他们具有丰富的教学经验，教学技巧娴熟，可以面向全校学生举办线上线下思政教育公开课，授课内容丰富多彩，可以是具有丰富课程思政元素的专业类讲座，也可以是形势与政策讲座，或者是人生感悟等。在当前疫情防控常态化背景下，离退休干部可以采用线上直播课程并与学生在线交流，也可以录制公开课推送给学生。

2. 举办大学生思想政治教育工作沙龙

对于具有丰富学生工作经验的管理型离退休干部，可以举办线上线下思政工作主题沙龙。参与对象包括一线思政工作者，还有学生骨干和学生代表。一方面，离退休干部可以将自己的工作经验，尤其是 2003 年应对非典疫情的工作经验，传授给一线思政工作者和学生骨干；另一方面，离退休干部又可以了解到当前大学生中存在的现实困惑，师生一起探讨新时代大学生成长的烦恼，并给出合理化意见与建议。

3. 设立离退休干部学生工作室

学校可以为身体健康且学生工作经验丰富的全班制的离退休干部，设立专门的学生工作室，并给配备学生工作助理，离退休干部根据当前学生存在的问题，定期举办不同主题的小型讲座，帮助学生答疑解惑，同时还可以接待来访学生进行深度访谈。

4. 探索建立离退休干部思政工作坊

在思政教育方面经验丰富且颇具有一定科研能力的离退休干部，可以主持人或主讲人的身份，组织工作坊，吸引一线思政工作者、学生骨干等进行思政专题大讨论，实现思政队伍的传帮带，提高思政工作者的科研水平。

5. 担任校园文化活动大使或艺术顾问

利用具有艺术特长和文化功底的离退休干部的优势，为学校校园文化建设出谋划策，活跃第二课堂，在丰富的校园文化活动中实现育人功能。

6. 担任指导教师，开展社区志愿服务活动

针对不坐班但在社区活动中有突出表现的离退休干部，学校可以充分发挥他们在社区中的优势，让他们担任志愿服务指导老师，联系所在社区建立志愿服务基地，吸收在校大学生前往基地开展志愿服务活动，让大学生在实践中接受教育。

高校离退休干部是学校宝贵的人才资源，在高校大思政格局中，应该有其一席之地，尤其在疫情防控进入常态化的背景下，学校应该不断创造条件，让乐于从事学校大学生思想政治教育工作的离退休干部，继续为学校的发展做出力所能及的贡献。

社会主义核心价值观融入大学生思想政治教育研究现状述评

王太芹*

当前，随着我国在经济发展上巨大成就的取得和对外开放力度的加大，我们在意识形态领域面临的斗争越来越尖锐。思想政治教育作为社会主义意识形态建设的重要载体，是引导社会成员形成价值共识的重要手段。高等学校是进行大学生思想政治教育的重要场域，对整个社会意识形态建设能起到示范和引领作用，生活、学习于其中的大学生，作为青年群体中的精英，既是各种非社会主义思潮争夺的对象，当然也是社会主义思潮需要"掌握"的对象。党的十八大明确提出"三个倡导"，即"倡导富强、民主、文明、和谐，倡导自由、平等、公正、法治，倡导爱国、敬业、诚信、友善，积极培育和践行社会主义核心价值观"，[1]同时要求"把培育和践行社会主义核心价值观融入国民教育全过程"。可见，在大学生思想政治教育中融入社会主义核心价值观，既是大学生自身发展的需要，也是大学生思想政治教育发展的需要，更是高等教育发展的需要、国家和社会发展的需要。因此，实现社会主义核心价值观与大学生的相互"掌握"是种必然选择。

* 王太芹，安徽滁州人，法学博士，北京大学公寓服务中心兼特殊用房管理中心副主任，副研究员。

〔1〕《坚定不移沿着中国特色社会主义道路前进 为全面建成小康社会而奋斗——胡锦涛同志代表第十七届中央委员会向大会作的报告摘登》，载《人民日报》2012年11月9日，第3版。

社会主义价值观有基本价值观与核心价值观之分。社会主义核心价值观是在社会主义价值观体系中居核心地位、起指导作用、从最深层次科学回答"什么是社会主义"或社会主义本质属性的这一根本问题，在马克思主义理论体系中占据核心地位的价值理念。所以社会主义核心价值观是以马克思、恩格斯所创立的社会主义体系为基础，可以与封建的资本主义相区别，并且体现社会主义制度优越性的一种价值观。社会主义核心价值观就是"反映社会主义基本的、长期稳定的社会关系及价值追求的价值观，是在社会主义革命、建设和改革开放历程中逐步形成和发展起来并指导社会主义健康发展的价值目标和价值观念"。[1]

社会主义核心价值观是立足于当下但是也可以影响未来的一种正确的价值导向，其本质与马克思竭尽毕生精力所完成的对所揭示的人类发展规律："人的自由而全面的发展"相一致。马克思、恩格斯在《共产党宣言》里庄严宣告，在社会主义和共产主义社会："代替那存在着阶级和阶级对立的资产阶级旧社会的，将是这样一个联合体，在那里，每个人的自由发展是一切人的自由发展的条件。"[2]恩格斯在《社会主义从空想到科学的发展》也明确指出，社会主义"这是人类从必然王国进入自由王国的飞跃"[3]，"人终于成为自己的社会结合的主人，从而也就成为自然界的主人，成为自身的主人———自由的人"[4]。马克思主义以人的自由而全面的发展为最终目标，给人类指明了正确的方向，虽然遥远与艰难，但人们一直在为之坚持不懈地努力前进着，社会主义核心价值观信仰马克思、追随马克思，都是以人的发展作为目标的。社会主义核心价值观在实践的基础上不断阐释和完善马克思主义理论体系，深刻地结合了中国独特的文化，给予

---

〔1〕 王泽应：《社会主义核心价值观之本质规定性及路径选择》，载《湖南师范大学社会科学学报》2007年第5期。

〔2〕 《马克思恩格斯选集》（第1卷），中共中央马克思恩格斯列宁斯大林著作编译局编译，人民出版社1995年版，第294页。

〔3〕 《马克思恩格斯选集》（第3卷），中共中央马克思恩格斯列宁斯大林著作编译局编译，人民出版社1995年版，第758页。

〔4〕 《马克思恩格斯选集》（第3卷），中共中央马克思恩格斯列宁斯大林著作编译局编译，人民出版社1995年版，第760页。

马克思关于人类历史发展道路多样性理论的真理性和当代价值以实践上的证明和理论上的丰富。

社会主义核心价值观不是束之高阁的标语，而是要在实践中贯彻落实的，那么，当前学界对社会主义核心价值观融入大学生思想政治教育的现状到底如何呢？经过梳理，可以看出相关特点如下。

一、针对价值观与思想政治教育的研究从割裂走向融合

针对价值观和思想政治教育的研究，成果以专著形式体现出来，开始二者是割裂的。或者更确切说，学界开始对思想政治教育的研究，只关注思想政治教育本身。即使研究涉及价值观，最多也只是被当作如何做好思想政治教育研究需要关注的众多"点"中的"一点"。只是当社会主义核心价值观被我党明确倡导之后，针对价值观和思想政治教育的研究，才实现了统一和融合。

比如，《当代大学生思想政治教育》（骆郁廷主编，中国人民大学出版社，2010年）、《中国共产党思想政治教育史》（何一成、杨湘川主编，湖南大学出版社，2011年）、《思想政治教育环境论：大社会视野下的思想政治教育》（王滨，同济大学出版社，2011年）、《高校社会主义核心价值体系教育全程化研究》（宇文利、周晔等，光明日报出版社，2011年）、《现代思想政治教育课程论》（宇文利，北京大学出版社，2012年）、《主体间性思想政治教育研究》（苏令银，上海三联书店，2012年）等。这些著作有的对大学生思想政治教育的历史演变进行了梳理；有的对社会主义核心价值观的来龙去脉进行了回顾；有的从大历史的角度，从"反面教材"角度对曾经的大学生思想政治教育所遇到的典型时间进行了展评；有的对如何做好新形势下大学生思想政治教育、克服其面临的困境，从课堂、教材、教学方式以及主体间性等方面进行了探讨。这些著作针对大学生思想政治教育这一主题的研究，为后来如何做好社会主义核心价值观对大学生思想政治教育融入的研究，提供了"融入"实现"何以可能"与"如何可能"的解答参考。

如果从专著以丛书形式展示的角度看对应的研究成果，更能典型地反

映上述特征。比如，"当代高校德育研究丛书"（郑永廷、李小鲁主编，人民出版社）就是直接围绕"大学生思想政治教育"本身进行多角度论述。该套丛书包括：《主导德育论——大学生思想政治教育一元主导与多样发展研究》（郑永廷、江传月等）、《开放德育论——大学生思想政治教育继承借鉴与批判创新研究》（刘卓红、钟明华等）、《人本德育论——大学生思想政治教育的人文关怀与人才资源开发研究》（袁本新、王丽荣等）、《素质德育论——大学生的现代适应与综合素质培养研究》（杨维、刘苍劲等）、《信息德育论——大学生信息素养与思想政治教育信息化研究》（霍福广、刘社欣等），等等。这套丛书主要围绕"五个如何"分别展开论述，即"①如何坚持以马克思主义的指导思想引领和主导多样化的社会意识，帮助引导大学生在错综复杂的社会思潮中辨别是非、明确方向，树立正确的世界观、人生观和价值观？②如何在积极吸收和传播世界文明优秀成果的同时，教育引导大学生增强民族文化意识，自觉抵制西方腐朽思想文化的侵蚀？③如何在思想政治教育中更好地贯彻以人为本，体现人文关怀，做到深入浅出、循循善诱、春风化雨、润物无声，在尊重人、理解人、关心人、帮助人中教育人、启发人、引导人、塑造人？④如何引导大学生形成健康的心理素质，提高他们应对人生挫折和社会各种矛盾的能力？⑤如何根据当代大学生接受信息途径的新变化，有效发挥互联网等现代传媒在思想政治教育中的积极作用"。[1]这些论述当然对如何做好社会主义核心价值观融入大学生思想政治教育工作也有启迪，在探讨融入的原则、机制、模式上都会提供参考。

另有一套"德育哲学研究丛书"（张澍军主编，人民出版社，2002年），由东北师范大学张澍军教授组织创作的，是一套关于哲学思维与德育理论交相融合、试图建构"德育哲学"这一德育学分支学科的探索性、研究性丛书。该丛书包括《德育哲学引论》《德育过程论》《德育价值论》《德育文化论》《德育主体论》《德育资源论》《德育管理论》《德育职能

---

〔1〕 郑永廷、江传月等：《主导德育论——大学生思想政治教育一元主导与多样发展研究》，人民出版社 2008 年版，"导论"第 3 页。

论》《德育辩证论》等。该丛书面对德育的社会化、本真化和深邃化已是不可逆转的发展走势，提出四个"回归"的看法，即"德育的权利和义务由国家主体逐步向社会主体回归；德育的本质存在由革命时期的'精英'目标取向为主逐步向民族的大众的'生活世界'回归；德育的目的任务由工具理性主导逐步向建设人本身回归；德育的运作方式由单向运动为主逐步向双向、多向乃至'无穷向'回归"。[1]这样的论述，为后来如何有效实现社会主义核心价值观对大学生思想政治教育的融入，提供了"需要多要素共同发挥作用"的理论借鉴。

针对价值观的研究，在改革开放之初，讨论主要限于主体层面。比如，李德顺教授于1987年出版的有关价值论的著作即为《价值论——一种主体性的研究》。自1992年，党的十四大确立了社会主义市场经济体制改革的目标后，理论界逐步将焦点转移到对社会价值进行研究的层面。具有开启研究之先河意义的代表作有薛汉伟发表的《价值目标在社会主义概念中的地位》（1989年）和王锐生发表的《关于社会主义的价值和价值观》（1990年）。

随着中国改革进程的加快及翻天覆地变化的到来，不管是立于改革潮头的改革引领者还是或主动或被动参与其中的普罗大众，其思想观念都发生了一些时代性的变化，这些变化唤起了学者们的社会历史使命。尤其是我党从"社会主义核心价值观体系建设"向"社会主义核心价值观倡导"的转变，针对"社会主义核心价值观"的研究，蔚为大观。

近几年来（截至2019年），著作方面以"社会主义核心价值观"和"大学生"为标题的文章据不完全统计有：《大学生社会主义核心价值观教育研究》（陈芝海，光明日报出版社，2013年）、《当代大学生社会主义核心价值观培育研究》（李纪岩，山东人民出版社，2013年）、《大学生与社会主义核心价值观》（戴艳军、吴桦，中国文史出版社，2014年）、《国家意识形态安全与大学生社会主义核心价值观教育研究》（郑珠仙等，人民出版社，2014年）、《新时期大学生核心价值观教育研究》（薛海鸣，中国

---

[1] 张澍军：《德育哲学引论》，人民出版社2002年版，第16~19页。

书籍出版社，2014 年）、《大学生社会主义核心价值观培育路径研究》（杜晶波、张慧欣，东北大学出版社，2014 年）、《社会主义核心价值观与大学生思想政治教育研究》（艾四林主编，中国文史出版社，2015 年）、《立德树人之道——大学生社会主义核心价值观的培育与践行研究》（李建华、夏建文等，人民出版社，2015 年）、《大学生社会主义核心价值观教育长效机制构建》（徐园媛、李思雨、罗二鹏主编，西南交通大学出版社，2015 年）《在大学生中培育和践行社会主义核心价值观研究》（李东、孙海涛，中国书籍出版社，2015 年）、《培育社会主义核心价值观研究——以思想政治理论课教育教学为例》（王双群，中国社会科学出版社，2015 年）、《大学生社会主义核心价值观的隐性培育初探》（付安玲、张耀灿，思想理论教育导刊，2016 年）、《新媒体环境下大学生社会主义核心价值观教育的路径研究——基于马克思交往实践观的视角》［何华宇，华南理工大学学报（社会科学版），2018 年］、《大学生社会主义核心价值观培育论——机理、过程与路径选择》［翟小满、杨宗友，重庆大学学报（社会科学版），2018 年］、《以红色社会实践活动推进大学生社会主义核心价值观教育的理性审视》（李一楠，思想理论教育导刊，2019 年）等。

由中共江苏省委宣传部组织相关人员撰写的“社会主义核心价值观研究丛书”，就是直接围绕“社会主义核心价值观”展开的研究。这套丛书将核心价值观的 12 个范畴独立成卷，加上总论和实践篇，形成共 14 卷的著作。它虽然是由执政党主管意识形态的部门统筹而成，理论的深度确实不够，但相比来说，它是目前国内第一套全面研究和阐释社会主义核心价值观具体范畴的系列研究著作。它系统研究了我们的价值观是什么、为什么和怎么做的问题，尤其难得的是，它作为一套 14 卷的丛书，在保证了形式统一基础上，又给予了各卷独自个性阐发的机会，使社会主义核心价值观各范畴既较为透彻地论述了自己，又体现了与其他价值观间的辩证联系。

近年来，对相关问题研究的深度和广度都在逐渐增大，包括对把价值观与思想政治教育进行融入建构、相互促发的研究。这些研究有的回顾了 20 世纪 80 年代和 90 年代我国人民特别是青年的价值观及其冲突，让我们知晓，人的代际差别必然使价值观在社会层面表现的有所不同，时代不一样，民族的进程不一样，作为其中最敏感的群体——青年人定然表现得不一样；有的直接在"融入"和"分层"理论上进行了较为深入的探讨。比如，《社会主义核心价值体系融入大学生思想政治教育全过程的基本问题研究》（杨晓慧，人民出版社，2011 年），该书从"融入全过程"的本质规定、"融入全过程"的接受主体、"融入全过程"的价值观整合、"融入全过程"的运行机制、"融入全过程"的实践探索等多个角度对"融入"作为一种超越灌输、渗透、接受、认同思想的理论进行了研究。这为后来的融入研究要将社会主义核心价值观分层次融进思想政治教育这个载体，再分类别让大学生群体入脑入心提供了参考。另有《新时期学校德育目标分层研究》（李德全、蒋礼文等，科学出版社，2012 年）一书则从学校德育目标分层研究概述、分层机理、分层设计、分类设计、实现策略几个角度对"分层"问题进行了探讨，虽然该书没有过多地对"分层"问题进行原理上的论述，但其对实践的主张、设计、探索，对后来的融入研究在做相关论述时，考虑到"分层"是否具有可行性则提供了参考的样本。

当然，随着研究的深入，不少著作逐渐从"理论"走向"实证"，从而为社会主义核心价值观如何实现有效融入大学生思想政治教育提供更切实的探寻。比如，《大学生社会主义核心价值理念培育质性研究》（戴钢书等，人民出版社，2008 年）、《大学生思想政治教育战略规划：基于首都高校的个案研究》（马俊杰主编，中国传媒大学出版社，2010 年）、《中国社会价值观现状及演变趋势》（宣兆凯总执笔，人民出版社，2011 年）、《当代中国社会价值观调查研究》（龚群，北京师范大学出版社，2012 年）、《当代中国社会价值观调研报告》（孙伟平主编、陈慧平副主编，中国社会科学出版社，2013 年）等。这些著作有的是先对价值观进行了多种角度的分类，比如，把价值观分成本位价值观、生态价值观、人际价值观、身心价值观、政治价值观、理想追求与集体价值观、传统伦理观、爱情、婚姻家庭与性道德观等，再按照对应类别进行调研；有的是通过对不同的地区、职业、年龄、性别、收入、受教育程度、家庭背景、政治面貌、宗教信仰的人们，进行间隔两年前后两次的调查结果的比较，推断当前社会价值观的总体态势；有的是从某一个特定地区、对某一个特定要素进行调研；有的在调研方法上选取的角度只是利用调查对象的叙事文稿，从微观、零距离直视大学生对社会主义核心价值理念的认识、认同、内化、外化、践行的生动转变过程，等等。这些探寻为后来的融入研究如何开展实证研究，以及调研选取的角度、要素、方法等都提供了借鉴。

二、融入研究的视角实现了多角度交叉

针对社会主义核心价值观融入大学生思想政治教育研究现状的梳理，我们发现，国外学者对之研究相对较少。一方面，是因为理论研究一般是为实践运行服务的，对中国社会发展是重要的问题，换个立场，则可能被认为是不重要的。他们评头论足的一般是中国的"军事威胁"论、"经济威胁"论，而鲜见"文化威胁"论，这也从反面印证了我们发展的软肋所在。另一方面，即使涉及相关研究，国外学者一般都是在研究政治学、教育学、社会学、伦理学等相关问题时才有所触及。所以，本文就此选题不对国外相关研究进行总结和评述。相反，在我国学界，对这一选题的研究，除了前述相关专著，论文方面，以"社会主义核心价值观"和"思想政治教育"为检索关键词，在中国知网上，发现自十八大之后，相关研究成果呈逐年递增趋势，2013 年有 31 篇，2014 年有 100 篇，2015 年有 176 篇，2016 年有 279 篇，2017 年有 297 篇，2018 年有 276 篇，2019 年有 190 篇；从研究类型上看，55%属于基础理论研究，17%属政策应用型研究，综合型研究占 28%。综述这些论文，从它们所讨论的内容和体现的观点来分类，主要有以下几个角度。

第一，关于社会主义核心价值观融入大学生思想政治教育的意义研究。其一，主体意义论，即意义体现在学生主体身上。徐增鎏认为，以大学生为融入对象，把社会主义核心价值观融合到思想政治教育中，能够深层次且潜移默化地影响大学生的思想意识与行为规范，达到润物细无声的教育境界。[1]其二，多元意义论，即社会主义核心价值观若融入大学生思

---

[1]　徐增鎏：《在学生思想政治教育中融合社会主义核心价值观的策略研究》，载《山东社会科学》2015 年第 A2 期。

想政治教育，则既有利于社会主义核心价值观的传播和思想理论课的创新发展，又有利于学生全面自由发展。例如，薛明珠和陈树文认为，二者融合既能创建高校思想政治理论课发展的新平台，推动高校思想政治理论的课程改革，还能促进学生全面自由发展；[1]陈宗章认为，这一融入过程可以有效发挥社会主义核心价值观的引领作用，丰富实践教学的内容，促进实践教学模式的创新，增强高校培育和践行社会主义核心价值观的社会影响力。[2]

第二，关于社会主义核心价值观融入大学生思想政治教育的可行性研究。主要有三类观点。其一，性质地位决定论。代表性观点有：陈锡喜认为，高校思想政治理论课和核心价值观都是意识形态的本质体现，决定了把社会主义核心价值观教育贯穿思想政治理论课教学全过程的必要性；[3]张有武认为，社会主义核心价值观融入大学生思想政治教育是由社会主义核心价值观的性质和地位决定的，是大学生成才和全面发展以及适应社会巨变的必然要求。[4]其二，二者目标契合论。持这一观点的主要有：曹群和郑永廷认为："社会主义核心价值观贯穿高校思想政治理论课教学，是培养社会主义建设者和接班人的迫切需要，是塑造大学生正确价值观的现实要求，是思想政治理论课教学的价值体现，是面向社会，赢得青年、赢得未来的必由之路"。[5]其三，介质融合论，即二者具有相同或相似的介质与载体。朱景林认为，物质文明是二者融入的载体，社会主义核心价值观的培育需要融入物质文明建设，而思想政治教育物质载体属于物质文明，其"知行统一"的特性是社会主义核心价值观融入物质文明建设的纽

---

〔1〕 薛明珠、陈树文：《社会主义核心价值观融入高校思想政治理论课的思考》，载《北京交通大学学报》（社会科学版）2015年第3期。

〔2〕 陈宗章：《社会主义核心价值观融入思想政治理论课实践教学的思考》，载《扬州大学学报》（高教研究版）2015年第2期。

〔3〕 陈锡喜：《关于社会主义核心价值观教育贯穿高校思想政治理论课教学全过程的思考》，载《思想理论教育》2015年第6期。

〔4〕 张有武：《社会主义核心价值观融入高职院校思想政治理论课教学的思考》，载《教育理论与实践》2015年第9期。

〔5〕 曹群、郑永廷：《社会主义核心价值观贯穿高校思想政治理论课教学的要义》，载《思想理论教育导刊》2015年第2期。

带。[1]

第三，关于社会主义核心价值观与大学生思想政治教育的关系研究。有两种观点：一种比较突出社会主义核心价值观的基础指导作用，欧清华认为社会主义核心价值观是思想政治教育的逻辑基础，具体讲，二者的价值追求相契合，社会主义核心价值观是思想政治教育的哲学指针和理论基础。[2]而另一种观点更具有哲学性，强调二者之间的互动作用。例如，郭彩星认为二者关系辩证统一，提高社会主义核心价值观教育实效性需要推进大学生思想政治理论课整体性教学改革，而思想政治理论课需要以社会主义核心价值观为统领。[3]

第四，关于社会主义核心价值观融入大学生思想政治教育的路径和策略研究。在路径选择和策略建议上，学者给出的结论具有宏观联动、微观衔接等特点。宏观上，包括充分发挥思想理论课教学的主渠道作用；实现社会主义核心价值观与高校思想政治理论课课堂教学和实践教学的融合与促进；广大教师需要身体力行来提高学生参与的积极主动性；深化认同教育，坚持以人为本的思想政治教育观念，强化自我探索发挥社会实践作用，开展全程教育发挥校园文化的熏陶作用，优化环境教育；[4]构建长效机制，价值观的宣传教育要实现有效"融入"，要以建立可用、管用、好用的长效机制为目标，把社会主义核心价值观的内容和要求融入教育教学，形成各级学校有机衔接的课程教材和教育教学体系。[5]在微观上，重视思维转变，从创设生活情境、探究课程开发和建设活动资源三条路径出

〔1〕 朱景林：《社会主义核心价值观培育需融入物质文明建设：基于思想政治教育物质载体研究》，载《云南民族大学学报》（哲学社会科学版）2015 年第 4 期。

〔2〕 欧清华：《社会主义核心价值观是思想政治教育的逻辑基础》，载《科学社会主义》2008 年第 5 期。

〔3〕 郭彩星：《以思想政治理论课整体性教学推进大学生社会主义核心价值观教育》，载《学校党建与思想教育》2015 年第 18 期。

〔4〕 王志玲：《社会主义核心价值观融入大学生思想政治教育的探讨》，载《教育探索》2014 年第 4 期。

〔5〕 杜玉波：《深化社会主义核心价值观培育践行推动思想政治教育工作创新发展》，载《思想教育研究》2015 年第 2 期。

发促进融合；[1]陈银平从教师意识（责任意识、阵地意识和人格魅力意识），课程内容建设和教学方法创新（专题式教学法、情感共鸣式教学法和新型互动教学法）方面阐述了融入路径。[2]

除此之外，还有学者从社会主义核心价值观融入大学生思想政治教育的机遇、困境和原则等角度探讨这类问题。以上丰富的成果研究视角多元，研究水平可圈可点，但在理论与现实层面仍然存在着有待完善和深入的空间。比如，对于社会主义核心价值观"如何融入"大学生思想政治教育论述的深入还有待加强；如何准确把握建立融入长效机制的关节点、原则、策略等都有待细化。

三、理论研究的重点具有了相应的意义

借助"中国知网"，我们发现，有关"社会主义核心价值观"和"大学生思想政治教育"在研究现状上还存在以下几个现象。

第一，在"中国知网"的"期刊"项目下查找含有"核心价值体系"为标题的文章，2006 年有 28 条，之前的年份显现出来的每年只有 3 条，2007 年骤然上涨到近 600 条，这当然与中央在 2006 年 10 月第一次明确提出"建设社会主义核心价值体系"的宣传要求有关。同理，在"博硕士学位论文"项目下查找，2006 年，只有 1 篇，虽然是博士学位论文，但它所涉及的"核心价值"事实是等同于"终极意义"之意。[3]2007 年，有 4 篇硕士论文。以后年份，逐年递增，并且，作为博士论文选题的也越来越多。不过，从 2013 年开始，数量却在下降，主要是因为，在 2012 年的十八大上，"社会主义核心价值体系"的提法已经被"社会主义核心价值观"

---

[1] 周琪：《社会主义核心价值观融入高校思想政治理论课的三个转向及实现》，载《思想教育研究》2015 年第 12 期。

[2] 陈银平：《在思想政治理论课中培养大学生社会主义核心价值观之我见》，载《学校党建与思想教育》2015 年第 16 期。

[3] 杨昌宇：《自由：法治的核心价值》，黑龙江大学 2006 年博士学位论文。此文核心论述：法治作为一种生活方式，萌生于人类的自由本性，在现实中以人的自由权利为核心，在终极意义上是对人自由、和谐全面发展的关怀。在当今世界，法治的地位与意义发生了很大的变化，但自由作为其核心价值却是始终相随的精神主题。

所明确取代。同时，从 2014 年开始，"知网"上"期刊"里有关"社会主义核心价值观"的文章明显递增，在 2015 年达到了最高峰，有 7000 余篇，侧重点是社会主义核心价值观的发展研究以及高校社会主义核心价值观的培养途径。从 2016 年以后"社会主义核心价值观"的文章数量开始逐年下降，更多的关注点在于社会主义核心价值观如何与高校思政课相结合。2017 年与 2018 年影响因素高的文章偏向于在社会主义核心价值观与习近平新时代中国特色社会主义法治建设相融合，2019 年所涉及的"社会主义核心价值观"的教育和传播方式要和高校、当代互联网特色相结合。

第二，在"中国知网"的"期刊"项目下查找含有"核心价值观"为标题的文章，2013 年作为一个分界线，前后的数量差别较大。2013 年以后的文章数量加速增长。但是，在"博硕士学位论文"项目下查找，不仅在 2013 年之前，就有很多学生以此作为研究的选题，数量差别并不悬殊，而且，以此作为博士论文选题的要远远多于以"核心价值体系"作为博士论文选题的数量。可见，在导师的指导下，作为一种问题的研究，乃至在学术界，对"核心价值观"研究的认同是要大于对"核心价值体系"研究的认同。也就是说，更多的人认为，把"核心价值观"作为一个问题来研究的价值要大于把"核心价值体系"作为一个问题来研究的价值。这也是本人所认同的。

第三，在"中国知网"不管是"期刊"还是"博硕士学位论文"项目下查找含有"大学生思想政治教育"为标题的文章，每年都以万计；明确以"社会主义核心价值观融入大学生思想政治教育"为标题寻找博士论文，没有发现；不过，含有"核心价值体系"与"思想政治教育"为标题内容的博士论文却有 4 篇，分别是：武汉大学 2014 届王双群的《社会主义核心价值体系融入思想政治理论课教育教学研究》、湖南师范大学 2012 届孙树文的《思想政治教育与社会主义核心价值体系的社会认同研究》、湖南师范大学 2011 届蒋勇的《建设社会主义核心价值体系与推进思想政治教育创新研究》、吉林大学 2011 届韩国顺的《以社会主义核心价值体系引领大学生思想政治教育研究》。

可见，有关"社会主义核心价值观融入大学生思想政治教育研究"作为学界研究的选题绝非"平地而起"，它与现实社会生活中党的政策指引、社会现实需要是同步的。确切说，学界对社会主义核心价值观和大学生思想政治教育不管是独立还是统一的研究，以及研究重点的侧重，事实上都是社会发展的需要。因为，这样的研究既是社会主义意识形态自身发展的需要，也是思想政治教育实践完善的需要；既是大学生思想政治教育与时俱进地获得对应主导思想的需要，也是马克思主义理论中国化探索实现新方式的需要；既是国家增强软实力的需要，也是大学生健康成长成才的需要。

同时，因为社会主义核心价值观是基于中国的传统并历经中国革命、建设和改革开放实践凝练而成，是社会主义意识形态的本质体现，这样的研究有利于推进马克思主义实践哲学的新发展；因为社会主义核心价值观是社会主义制度的内在精神和生命之魂，这样的研究，有助于促使当代大学生加深对社会主义制度内在规律的认同；因为社会主义核心价值观是思想政治教育创新的思想基础和理论资源，这样的研究，能为新时期思想政治教育的实践建设和理论建设提供一种与时俱进的方法论指导，从而丰富和发展马克思主义思想政治教育理论。这是这样的研究在理论上具有的价值。

在实践上，这样的研究具有的意义主要包含以下几点：

第一，将准确回答"培养什么人"的问题。"培养什么人、如何培养人"这个问题是我国社会主义教育事业发展中必须解决好的根本问题。高校肩负着培养社会主义合格建设者和可靠接班人的重要使命，判断其完成使命是否合格的首要标准就是看其培养的人的思想政治素质是否合格。现今的大学生正身处一个思想大活跃、观念大碰撞、文化大交融的时代，在多元文化交叉影响下，大学生思想不断解放，面对的价值观念日趋多元，加之自身思想相对不稳定、变化性大、矛盾性多，就可能有学生对社会核心价值认识模糊或者不辨优劣。因此，引领大学生在复杂多元的文化现象中，树立和培养核心的价值观念，形成共同的价值认同，自然成为人才培养的根本性问题。

第二，对于这样的选题进行研究，将对"如何培养人"提出新的要求。社会主义核心价值观从国家、社会、个人三个层面提出了当代中国社会核心价值观的基本内容，是高校开展思想政治教育工作的新旗帜、新方向、新标准。思想政治教育效果要提高，则必须有针对性地在教育方向上不断深入，在教育内容上不断丰富，在教育方式上不断创新。

第三，对于这样的选题进行研究，对高等教育本身来说，也具有积极的现实意义。当今世界，各国都非常重视利用本国的核心价值观加强对青年学生的思想指引。因为高校是社会思潮汇聚、意识形态交锋的敏感地带，高校所进行的任何形式教育，其实都包含着价值观教育。即使是对自然科学的研究，事实上也蕴含着人文精神的内在指引。因此，社会主义核心价值观应是高校教育者对受教育者在价值观教育上的应然选择。

第四，对社会主义核心价值观融入大学生思想政治教育进行研究，有助于探寻"融入"的新方法、新途径，将加强和改进大学生思想政治教育，引导青年群体增强对社会主义核心价值观和社会主义制度的认同，有助于推进新时期思想政治教育创新，有利于引导大学生实现全面、协调、可持续的发展，避免有知识没文化、有智商缺智慧、有欲望无理想的现象；更有助于引导社会成员增进对社会主义主导价值观本质的认识，凝聚人心、形成共识，从而获得国家稳定、社会发展所需的强大合力和社会心理基础。